確実にスコア・アップを約束する本!

頭がいいゴルファー 悪いゴルファー

ライフ・エキスパート[編]

河出書房新社

はっきり言おう、100や90が切れないゴルファーは頭の問題なのだ!●まえがき

「俺ってアタマ悪いなあ」「学習能力がないんだよ」……。

これは、パッティングで同じミスをくり返したときのゴルファーの自嘲《じちょう》。

「バカっ!」「どこ打ってんの」……。

こちらは、とんでもないミスショットをしたとき、つい口にしてしまう自分自身に対する罵倒《ばとう》である。

いずれもその瞬間、ゴルファーは自分が〝頭の悪いゴルファー〟であることを認めている。しかし、それはその瞬間だけであって、自分のスイングやコースマネジメントが基本的に間違っていることまではなかなか気がつかない(認めたがらない?)。それが証拠に、OBを打って首をひねったり、「あれっ?」と不思議がったりするゴルファーの何と多いことか。

しかし、間違ったスイングをしたり、コースマネジメントが下手だったりすれば、ミスショットが出たり、ボールがラフに入るのも当然の話。べつに首をひねる必要はないのだ。

にもかかわらず首をひねるのは、はっきりいって、そのゴルファーの〝頭が悪い〟からだ。

〝正しいスイング〟も知らず、ただ〝下手を固める〟だけの練習をくり返しているゴルファー。自分の技量を無視して、ギャンブルしようとするゴルファー。しかし、それでもゴルフがうまくなりたい、いいスコアでまわりたいと思っているのだから、やはり「頭が悪い」としかいいようがないではないか。

ゴルフというスポーツでは、松坂投手が投げるような快速球を打ち返す反射神経も、競輪選手のような太腿《ふともも》も必要がない。止まっているボールを、身体を回して（スイングして）打つ。それが正しくできれば、小学生でも還暦《かんれき》をとうに過ぎた人でも、誰もが１００以下で回れるゲームだ。

つまり、並の運動神経と体力があればよく、にもかかわらず、１００や90が切れないのだとすれば、それは自分が間違ったスイングをしていたり、コースマネジメントを知らなかったりする証拠なのだ。

ところが、月イチゴルファーの75パーセントは100が切れないのだという(2008年7月のGDOとテレビ東京ゴルフオンラインの共同調査による)。

「だから、それくらいゴルフはむずかしいのだ」

というのはもうやめよう。そういって自分を慰《なぐさ》めていいのは、最後の最後、プレッシャーに負けて試合に敗れたプロや、ハンデをひとつ減らすことの大変さをよく知っているシングルプレーヤーだけだ。100や90が切れないゴルファーは、ゴルフがむずかしいと感じる以前に、正しいスイングと正しいコースマネジメントを知ること。ゴルフの本当のむずかしさを知るのは、それからである。

逆にいえば、正しいスイングと正しいコースマネジメントを知りさえすれば、誰もが100や90は簡単に切れるということ。くり返すが、正しいスイングは小学生でも高齢者でもできるし、実際の頭のよさなら、小学生よりあなたのほうがずっと上のはずである。

「頭のいいゴルファー」には誰もがなれる。「頭の悪いゴルファー」は、これまでこの本に書かれていることを知らなかったか、あるいは知ろうとしなかっただけなのである。

ライフ・エキスパート

頭がいいゴルファー 悪いゴルファー●もくじ

1章 スコアメイクはここから始まる
「準備とスタート」絶好調を生む超ヒント

2章 なるほど、そう攻めるのか
「コースマネジメント」大叩きしなくなる極意

3章　ピンチでも、あわてない
「コースのハザード」窮地をむしろ楽しむ知恵

4章 どんどん自信がわく
「アプローチとパット」
ピタッときめる秘策

5章 気持ちよくラウンドする
「メンタルケア」
自滅しない賢者の心得

6章
意外に間違っている
「練習と練習場」
ムダなく上達する㊙奥義

7章
やはり、こだわりたい
「道具」
後悔しない最適選択術

カバー写真提供●アフロ
本文イラスト●渡辺隆司
協力●エディターズワーク

1章

●スコアメイクはここから始まる

「準備とスタート」

絶好調を生む超ヒント

「スタート前1時間」の賢い過ごし方

頭のいいゴルファー ウォーミングアップは練習よりストレッチ
頭の悪いゴルファー 練習場に直行し、とにかくボールを打つ

頭のいいゴルファーと悪いゴルファー。その違いは、ゴルフをプレイする以前の段階ですでに歴然としている。

「明日はゴルフ」という日、頭のいいゴルファーは、無理な練習はせず、早めにベッドに入って、十分な睡眠時間をとっている。朝は朝食をきちんととる。自宅でも、コースに行く途中のコンビニでも、クラブハウスの食堂でもいいが、朝食をきちんととらないと、ラウンドの途中でガス欠してしまうことを知っているからだ。

そのための時間も計算しながら、頭のいいゴルファーはプレイ当日は早起きして、スタート時刻の遅くとも1時間前にはコースに到着する。

まあ、このあたりはいわれなくとも実行している人が多いはずだが、頭のよしあしがはっきり分かれるのは、コースに到着してからスタートするまでの〝1時間の過ごし方〟だ。

頭のいいゴルファーは、まずみっちりストレッチをする。プロゴルファーでも、朝のストレッチは当たり前になっており、試合当日のクラブハウスの風呂場の脱衣場は、ちょっとしたジムに様変《さまが》わりしている。ふだんから身体を鍛《きた》え、十分なストレッチをしている彼らだが、それでもラウンドの前には身体をやわらかくしておかないとベストなパフォーマンスが発揮できないことをよく知っているのだ。

プロでさえそうなのだから、ふだんプロのようにトレーニングもストレッチもやっていないアマチュアが、ラウンド前に何もしないでいいはずがない。

ところが、実際は、ストレッチもしないで練習場に直行して、いきなりボールを打ち始めるゴルファー、あるいはスタートぎりぎりまでクラブハウスの食堂でコーヒーなどを飲みながら時間をつぶし、練習グリーンでボールをちょっと転がすだけというゴルファーが多いのである。

これは、ひと言でいって、ゴルフをナメている所業というしかない。ゴルフもスポーツである以上、ウォーミングアップは必要。それなしで、いきなりドライバーを振り回しても、まともに当たるはずがないのだ。

このことは、スタートまであまり時間がないときでも同じである。ゴルファーのなかには、ストレッチする時間を省いてでも、スタート前にボールを打とうとする人が少なくない。これは、スタートホールでいきなりボールを打つことが不安だからだろうが、これは考え方が逆。スタート前にボールを20～30球打ったところで、突然、ゴルフがうまくなるわけではないし、いきなりボールを打っては、ぎっくり腰になりかねないではないか。それより、ストレッチで十分に身体をほぐしておいたほうが、スタートホールでミスする確率は確実に低くなるのだ。

スタート前の過ごし方に優先順位をつければ、①ストレッチ、②練習グリーン、③練習場ということになる。①だけしか時間がなくても、スタート前に何回か素振《すぶ》りをすれば、確実にあなたの身体は目覚めてくれるはずだ。

あせって練習してもいいことなし。まずは、十分な体操やストレッチで筋肉や血流などを整えるのが、朝の正しい始動法。

「スタート前の練習場」に潜む罠

頭のいいゴルファー　練習場では「リズム」と「その日の球筋」を確認

頭の悪いゴルファー　がむしゃらに打ってスイングの欠点を直そうとする

ストレッチもやり、スタートまで時間があるというのなら、練習はもちろんやったほうがいい。ただし、スタート前の練習には〝頭のいいやり方〟と〝頭の悪いやり方〟がある。

まずは、球数。練習不足やひさしぶりのラウンドであることを理由に、50球以上打つのはやめたほうがいい。理由は、疲れてしまい、肝心のラウンドでガス欠になりかねないからだ。また、スタート前はそう時間がないはず。短い時間で50球以上打つと、どうしてもスイングが雑になることもある。

頭のいいゴルファーが練習する球数は、1カゴ（24〜25球）か、せいぜい2カゴまでだ。それも、いきなり打ち始めるのではなく、ウェッジを2本持って、ゆっくり素振りをすることから始める。重いものをゆっくり振ることで、体重移動や上体の捻転《ねんてん》、腰の切れ、そしてリズムなど、ゴルフに必要な「スイングの感覚」を身体に思い出させるのだ。

こうして身体がスイングの感覚を取り戻してきたら、まずはサンドウェッジで、いちばん自然にできるスイングをしてみる。50ヤードなら50ヤードが気持ちよく打てるかどうか。いつものリズムでスイングできているかどうかを確認する。そして、30ヤード、40ヤード、50ヤード、60ヤード……と何通りかの距離を打ち分けてみる。これが7〜8球だ。

次に、ショートアイアン（9番か8番）とミドルアイアン（6番か5番）を各5球。いずれも、ハーフショットからスリークォーターショット*でいい。本番でも、「アイアンをマン振りすることはない」と言い聞かせながら。

そして、ドライバー。スタートホールを想定しつつ（初めてのコースでも、練習場に行く途中でスタートホールが見られるところが多いはずだから、チラリとでいいから見ておく）、3〜4球。ここでも力まず、体重移動と身体がうまく回転できているかどうかを確認する。

最後に、クールダウンの意味もかねて、サンドウェッジを3〜4球。これでだいたい1カゴ。所要時間は15分くらいのものである。

距離の長いホールが多いのなら、フェアウエイウッドやユーティリティー、ロン

＊スリークォーターショット＝フルスイングの“4分の3”のショット。半分は「ハーフショット」。

グアイアンを練習メニューに追加してもいい。

また、プロは、スコアカードを見て、その日ラウンドするコースのショートホールの距離を確認。そこで使うクラブを何球か打つということもよくやる。さらに、バンカーやアプローチの練習場があれば、バンカーショットを3～4球、ピッチショットとロブショットをやはり3～4球打って〝いつもの感覚〟を取り戻しておくのもいい。こうしたオプションを加えても、やはり2カゴあれば十分だろう。

これだけボールを打てば、「今日はスライスが多い」とか「つかまりすぎる傾向がある」など〝その日の自分の球筋《たますじ》〟がわかってくる。

しかし、間違っても「今日はスライスが多いから、なんとかしてスライスを直そう」などとは思わないことだ。付け焼き刃の〝スイング改造〟でラウンドにのぞめば、その日のスコアはたいてい惨憺《さんたん》たるものになる（セットアップなど、ほんのわずかの狂いを直すとスイングがよくなることはあるが……）。

朝の練習の目的は、とにかく自分の身体と脳に、スイングの感覚やリズム、テンポなどを呼び覚ますことにある。ゴルフのスイングが、朝の練習で劇的に変わることなどありえない――そう思って、今日一日は〝その日の自分の球筋〟と上手につきあうこと。〝スイング改造〟は、ラウンド後の練習でやるべきことである。

＊ピッチショット＝小細工をせず、ロフトなりの高さとランで寄せるアプローチショット。　＊ロブショット＝フェイスを開いてボールを高く上げ、ほとんどランを出さないアプローチショット。

「スタート前の練習グリーン」で差がつく

頭のいいゴルファー　練習グリーンでは「その日の距離感」をつくる

頭の悪いゴルファー　ボール3個で、ひたすらカップを狙う

まえに、練習グリーンでのパッティングの練習は、練習場でのショットの練習より優先順位が高いと述べた。理由はいうまでもなく、パッティングはスコアに直結するからである。練習グリーンでボールを転がしてみないことには、その日のグリーンの速さがわからない。これでは、スタートホールでのパッティングは不安だらけの状態で打たなければならなくなる。

すでにおわかりのように、朝の練習グリーンにおける第一の目的は、「グリーンの速さを知る」ことにある。

だから、頭のいいゴルファーは、練習グリーンでの最初のストロークに全神経を集中する。まず、できるだけ平坦なラインを見つけ、カップまで10メートルあったとすれば、自分なりの10メートルの感覚でストロークしてみる。最初のストロークには、それまで培《つちか》ってきた自分の距離感がストレートに表れるから、その結果ショ

ートすれば、そのグリーンは自分の感覚より遅い、オーバーすれば速いということがたちどころにわかる。

したがって、自分の距離感を持っているゴルファーは、あと2～3球同じところからストロークして、自分の距離感をその日のグリーンにアジャストすれば、もう練習グリーンでボールを転がす必要はないのだ。

――というのは、まあ理想論。これは、自分の距離感を持っているというだけでなく、正しいストロークがつねに寸分の狂いもなくできる、ロボットのような天才ゴルファーにしかできない芸当だろう。

実際は、プロゴルファーでも、パッティング時の姿勢やストロークの方法は日によって微妙に変化している。自分では意識していなくても、ふだんより上体の前傾角度が深かったり、あるいは体重のかけ方が微妙につま先寄りだったり、パターのフェイスの向きが正しく目標を向いていなかったり。その結果、いつもよりヒッカケが出やすかったり、押し出しやすかったりする。

だから、練習グリーンでは、その日のグリーンの速さをつかむだけでなく、「本来の自分のストロークができているかどうか」もチェックしなければならない。

ただ、これは優先順位からすれば、あくまで二番目。朝の練習グリーンでもっとも大切なのは、打ち方を云々《うんぬん》することではなく、グリーンの速さを知って、自分の距離感をそれに合わせることにあるのだ。

なぜなら、パッティングの成否の9割は、距離感が握っているからだ。距離感が合っていれば、本番のグリーンがどんなに複雑なラインでも、1メートル以内には寄せられる。そうすれば、まず3パットしないはず。ところが、頭の悪いゴルファーは、ラインばかり気にして、肝心の距離感を合わせることを忘れてしまうから、大ショートしたり、大オーバーということになるのだ。

では、朝の練習グリーンで距離感をつかむためには、具体的にどんな練習をすればいいか。

真実をいえば、パッティングの距離感というものは、朝の練習グリーンで30分やればOK、というほど簡単にできあがるものではない。5メートルなら5メートルを何百回、何千回、いや何万回と打って、初めて「自分なりの5メートルの距離感」ができあがる。つまり、反復練習をするしかない。

もちろん、ふつうのゴルファーにはそんな時間はない。ではどうするか。

5メートル、10メートル、15メートルのところに目印（ティーでいい）をつけ（あるいはカップから、三通りの距離のところにボールを置き）、「5メートルを打つ」「10

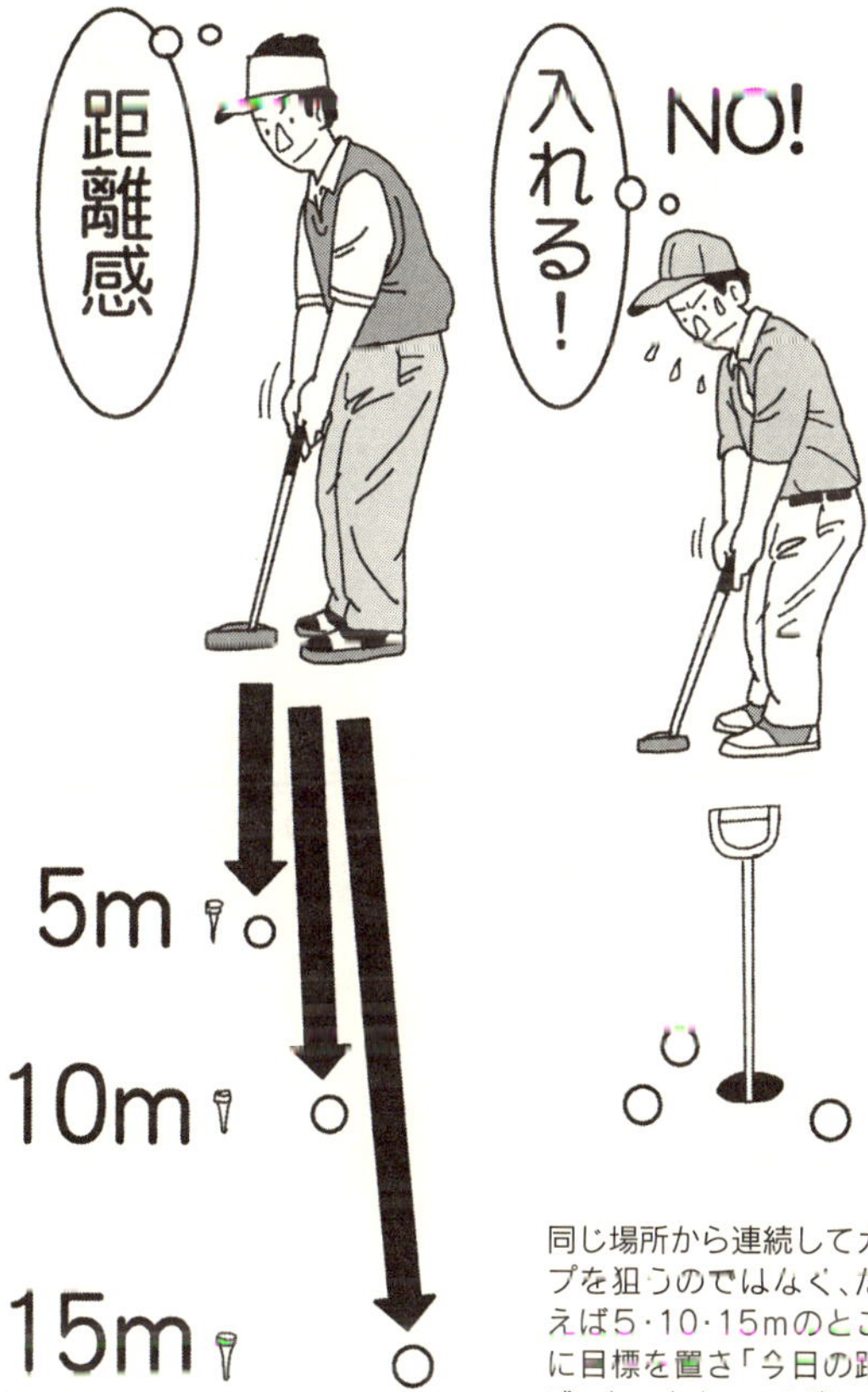

同じ場所から連続してカップを狙うのではなく、たとえば5・10・15mのところに目標を置き「今日の距離感」をつかむ。この際、できるだけ平らな場所を選ぶのが距離感をつかむコツ。

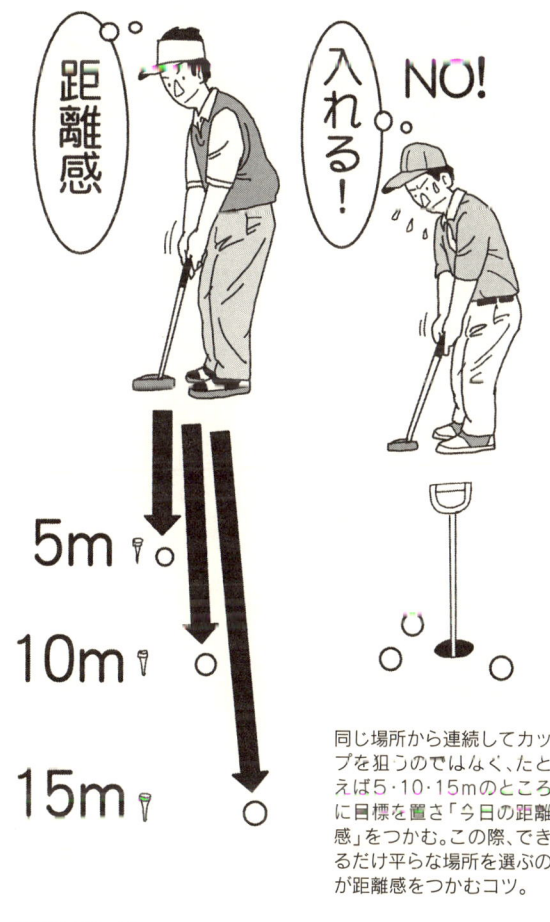

メートルを打つ」「15メートルを打つ」と自分に言い聞かせながら、ストロークしてみることだ。

その際「テイクバックが右足の小指までなら5メートル」のような〝デジタルな方程式〟はつくらないほうがいい。「5メートルならこんな感じ」「10メートルならこのくらい」という〝感じ〟でいいのだ。この〝感じ〟が、いわゆる「タッチ」というもので、これはデジタルな方程式には変換できないし、その必要もない。

デジタルな方程式をつくると、かえってその〝規則〟に縛られ、ストロークがギクシャクしてしまうのだ。

すでにおわかりのように、ここまでいえば、朝の練習グリーンで、同じところから連続してカップを狙ってばかりいるゴルファーの練習が、ほとんど意味のないことがおわかりだろう。

「あ、思ったよりスライスしたよ」「じゃあ、もっと右を狙ってみるか」……。

そんな感じで、カップに入れることだけを目的に何度も同じところからボールを転がしているゴルファーが多いけれど、こんな練習は、本番ではほとんど役に立たない。なぜなら、本番では連続して同じところから3球も打つということがありえないからだ。たった1回のチャレンジで、その距離を正確に打たなければならないのがゴルフなのだ。

こんな練習をするくらいなら、使うボールは1個だけにして、本番さながらに（ラインをしっかり読み、素振りをして距離感を合わせ、きちんとセットアップして）カップを狙う練習をしたほうがいい。そして、1打目で入らなかったときは、2打目できちんとカップインさせるのだ。

現に、アニカ・ソレンスタムは朝の練習グリーンでそういう練習をしている。本番でのパッティングは、技術云々より、集中力が大切になる。その〝集中の仕方〟をおさらいしておく意味で、この練習方法は確実に効果があるはずだ。

もうひとつ。

練習グリーンでは、カップに入った入らないで一喜一憂するのは無意味だけれど、ゴルフはメンタルなスポーツだ。だから、練習グリーンでは、最後に確実に入ると思われる距離（50センチ～1メートル）を連続してカップインさせてから、スタートホールに向かうことをおすすめする。

カップインしたときのあの心地いい音は、あなたに「よし、今日は入る」という自信を与えてくれるはず。パッティングにもっとも必要なものは、じつは〝この自信なのである。

ラウンド中の「スイング・チェック」にご注意

頭のいいゴルファー ラウンド中、スイングの注意点は2点にしぼる

頭の悪いゴルファー チェックポイントが多すぎてスイングがバラバラになる

さて、あなたはいま、スタートホールのティーグラウンドの脇に立ち、ドライバーを素振りしながら、ウォーミングアップしているとしよう。

そのとき、あなたは何を考えているだろうか。

「リラックスしよう」「ヘッドアップだけはすまい」「打ち急がないように」……。

そんな自分が犯しがちなミスを思い出して、そうはすまいと自分に言い聞かせている人も多いはずである。あるいは、レッスンを受けている人なら、コーチから指摘されている「テイクバックで右にしっかり体重を乗せること」とか「トップで左手首を甲側に折らないこと」など、あなたが守るべき技術的なアドバイスをもう一度確認している人もいるはずである。

もちろん、これはとてもいいことである。頭のいいゴルファーは、自分のスイングについて、つねに何らかの課題をもってラウンドしている。目的のないところに

進歩がないのは仕事や勉強も同じ。漫然とラウンドしているだけでは、ゴルフはちっともうまくならない。

ただ、問題は、ゴルフのスイングについて「かくあるべき」という注意点がありすぎると、こと本番ではとたんにスイングがギクシャクしてしまう、という点だ。

ゴルフのスイングとは、突き詰めていえば「クラブを上げて下ろすという縦《たて》の動作に身体の回転という横の動作が加わっただけのもの」だ。時間にすれば、わずか1秒か2秒で終わってしまう〝瞬間芸〟でもある。

ところが、このわずか1～2秒で終わってしまう動きに対して、これまでいったいいくつのアドバイスがなされてきたことか。

古今東西の有名プロゴルファーやティーチング・プロが私たちに授けてくれた、ありがたくも有益なアドバイスの数は、間違いなく万の単位になるはずである。

グリップの握り方から始まって、スタンスの幅、上体の前傾角度、ボールの位置、重心のかけ方など、セットアップだけでウン千か条。次に、始動からトップまででウン千か条、もっとも重要だとされる切り返しでウン千か条、切り返しからインパクトまででウン千か条、インパクトからフィニッシュまででウン千か条……。これら〝スイング虎の巻〟をひとつのこらず収集して本にしたら、おそらく百科事典並みの分厚い本ができあがること間違いない。

もちろん、私たちは、そのすべてをマスターしないと正しいスイングができない、というわけではない。おそらく、アベレージゴルファー（ハンディキャップが18～22前後くらいの平均的実力の人）なら、セットアップで2～3点、スイングで2～3点の欠点を矯正すれば、そこそこのスイングになるはずで、ふだんの練習では、それら5つくらいの注意点を意識しながらクラブを振ることで、じょじょに正しいスイングを自分のものにしていく――それがゴルフの正しい練習である。

ただ、それはあくまで練習だからできること。本番で、練習のときのように、5つある注意点をすべて守ろうとすると、まずうまくいかないのだ。

本番のラウンドで実行できる注意点は、せいぜいセットアップでふたつ、スイングでひとつくらいのものだろう。セットアップはスイングを始めるまえの静止状態だから、グリップの位置、スタンスの幅、上体の前傾角度、重心のかけ方など、やろうと思えば4つくらいの注意点を守ることはできるが、それでも実際にはふたつくらいに絞っておいたほうがいい。これらの注意点は、それぞれ脳が身体の各部位に指令を出すことで実行されるわけだが、その指令が3つも4つもあると、脳から身体への指示系統が混乱して、スイングがバラバラになりかねないのだ。

実際のスイングともなれば、意識できるポイントは、器用な人でもふたつが限界だろう。たとえば、ふだんあなたが「始動でヘッドを30センチまっすぐ引く」「右膝《ひざ》は動かさない」「トップまで肩と両腕の三角形をキープする」「左脇を開けない」「トップで手首を折らない」の5つを意識して練習していたとしても、本番のラウンドでは、このうちの4つはきれいさっぱり忘れて、いちばん重要と思われる1点（器用な人で2点）に絞《しぼ》ることだ。

人間は、わずか1～2秒で終わってしまう動作について、3つ以上ある注意点を実行することはできないのである。

あれもこれも気をつけようとすると、頭と体がギクシャクし始める。注意ポイントは1～2点に絞るべき。

「スタートホールのティーショット」の明暗

頭のいいゴルファー　距離は欲張らず、フェアウエイのキープを最優先
頭の悪いゴルファー　いきなりマン振りで大きくボールを曲げてしまう

スタートホールのティーショットは、プロゴルファーでも少なからず緊張するという。練習場でどれだけいいボールが打てていても、それはあくまで練習場での話。実際のコースにはバンカーやOBゾーンなどさまざまなハザード（障害）があるし、風景も練習場のそれとはまったく違う。まして、それが今日初めてのショットとなれば、ちゃんとボールに当たるかどうか不安になるというのだ。

アマチュアなら、そうした不安はプロ以上にあって当然だし、これがコンペで、ティーグラウンドの付近に大勢の仲間がいるという状況になれば、べつのプレッシャーも襲ってくる。

そう考えてくると、こうした特殊な状況で会心のショットを期待するほうが、むしろおかしいということになりはしないか。実際、プロでも、スタートホールで考えることは、一にも二にもフェアウエイキープ。少々ヒール気味だろうが、テンプ

ラ気味だろうが、そこそこの距離が出て、なおかつボールがハザードにいかなければ、それでよしとするのだ。

ところが、アマチュアゴルファーのなかには、スタートホールでマン振りして、大きくボールを曲げてしまうケースが少なくない。その場合の理由は、だいたい次のふたつだ。

①身体が十分に回らず、ボールに合わせにいって大スライス

②身体の回転が止まったまま強振して大フック

①はヘッドスピードが並のアベレージゴルファー、②はヘッドスピードが速い飛ばし屋に多い。いずれも、ミスの根本的な原因は、身体が十分に回らないことからくる〝手打ち〟にある。

ちゃんとストレッチをやっても、練習場でボールを2カゴ打っても、ゴルファーの身体は、なかなか本番モードにならない。だから、プロゴルファーは、スタートして3ホールくらいは、あまり無理をしない。ここで大叩きをしてしまうと、精神的に滅《めい》入り、その日のラウンドがボロボロになりかねない。最初の3ホールはパーで十分(アベレージゴルファーなら、ボギーで十分)と考え、バタバタしないゴルフ、〝静かなゴルフ〟をしようと努めるのだ。

スタートホールでは、とにかく手打ちや大振りにならないようにして、フェアウエイキープを第一に考える。

もう少し具体的なアドバイスを紹介しておくと、①のヘッドスピードが並でスライスしやすいタイプは、ティーを少し高めにすると、ボールがつかまりやすくなりスライスの度合いが減るはず。さらに、スライスを想定して、左サイドを狙うといい。反対に、飛ばし屋で、ひとつ間違うとチーピン*や大フックが出るタイプは、ティーを低めにするか、曲がってもOBゾーンにはいかないクラブ（たとえばスプーン）を使うという手もある。

もうひとつ、ゴルフのレッスン番組で石渡俊彦プロが紹介していたアドバイスも紹介しておこう。

スタートホールは、緊張と身体が温まっていないこともあって、文字どおり地に足がつかない状態になっていることが多い。こんなときは、ショットの前に2〜3回ジャンプする。すると、それだけで重心が下がり、下半身が安定してくる。しかも上半身から余分な力が抜けるのだ。

私たちもさっそく実行してみたが、これはたしかに効果があった。このジャンプ、ラウンドの後半、身体が疲れてきたときにも効果がある。


*チーピン＝ボールが急角度で左に曲がるショット。ダッグフックともいう。

「最初の3ホール」は五感と脳を研ぎ澄ます

頭のいいゴルファー 風、ラフの状態、グリーンの硬さなどの情報収集に努める

頭の悪いゴルファー 目先のショット、目先のスコアのことだけを考える

スタートホールは無難にやりすごしたい。それは、プロもアマも同じだ。ただ、そのための〝静かなゴルフ〟をしながらも、頭のいいゴルファーの五感と脳はフル回転している。それは、そのコースのさまざまな情報を収集するためだ。

ゴルフは、コースによって、グリーンの硬さやラフの刈り具合、バンカーの砂の密度、風の〝重さ〟などがみな違う。そこで重要になるのが、できるだけ早くそのコースの特徴をつかむということ。最初の3ホールで、そのコースの特徴をつかんでしまえば、残り15ホールの攻め方が計算しやすくなることはいうまでもない。

では、頭のいいゴルファーは、具体的にどんな情報をどう収集しているのか？

まずは風である。たいていのゴルファーは、ショットの前にちぎった芝を飛ばしたり、木や葉っぱの揺れ具合を見て、風向きや風の強さを判断する。それはそれでいいのだが、初めてのコースでは、スタートする前に、コース全体の風向きを読ん

でおくことをおすすめする。冬なら北寄りの風、夏なら南寄りの風が多くなるはずだが、そういう大まかな風向きは、各ホールで風を計算するときのベースになる（もちろん、ホールによって、そのホールだけ風が逆になるということも珍しくないが、これについては後述する）。

また、コース全体の風向きをコース攻略に生かすためには、当然ながら、各ホールの方角的なレイアウトを知っておかなければならない。コース全体の図があれば便利だが、それがないときは、グリーンの方角などをキャディに尋ねることだ。

このほか、風については、海沿いのコースでは湿気の多い〝重い風〟が吹いたり、山岳コースでは、谷から吹き上がる風が吹いたりするなど、コースの立地や地形によって、特殊な風になることが少なくない。これも、キャディに尋ねるなどして、できるだけ早く把握しておこう。

次は、ラフの刈り具合と密度。スタートホールのティーショットがラフに行ったら、ラフの刈り具合や密度をよく見ておこう。ボールが埋まるようなヘビーなラフなら、次のホールからは、ドライバーをスプーンに換えてでもフェアウエイキープを優先すべき、となるかもしれないし、短く刈ってあれば、次のホールからは、「少しくらいラフに入ってもいいや」と気楽にショットできるかもしれない。

三番目は、グリーンの硬さだ。第2打がうまくグリーンに乗ったら、グリーン上のボールマークを直すとき、ボールがグリーンに着地してからどれだけ転がったかをチェックしておく。あまり転がっていなかったり、予想以上にバックスピンがかかっていれば、そのグリーンはやわらかい証拠。高いボールだったのに、かなり転がっていたということになれば、そのグリーンは硬いということになる。

そして、バンカーに入ったのなら、砂の量や質、砂の締まり具合などを足の裏で確認して、これも頭に入れておく。グリーンの硬さやバンカーの砂の状態は、同伴競技者のショットでも参考になる。

このように、最初の3ホールは、大叩きしないよう慎重にプレイを進めながら、同時にコースのさまざまな情報を仕込んでいく大切なホールだ。漫然とプレイしたり、目先のスコアばかり気にしているゴルファーは、コースマネジメントなどできるはずがないのだ。

最後にもうひとつ、最初の3ホールで確認すべき大切なことがあった。〝その日の自分の調子〟だ。不調であれば、クサらず、自分なりの我慢のゴルフを心がける。好調なら、調子に乗りすぎないよう自戒しつつも、攻めるべきところは攻める。そんな〝心の調子〟を整えるのも、最初の3ホールでやるべき大切な仕事である。

「スタートホールのグリーン」の攻め方

頭のいいゴルファー スタートホールは「2パットで十分」と考える

頭の悪いゴルファー 難しいラインでも、果敢にカップインを狙う

スタートホール（パー4）の第2打が見事グリーンをとらえたとしよう。ただし、ボールはカップをオーバーし、下りの5メートルのパットが残っているとする。

さて、こんなとき、あなたはどんなパッティングをするだろうか。（めったにない?）バーディチャンスだから、果敢《かかん》にカップを狙う? それとも、ショートだけはしない（下りのラインだけは残さない）と言い聞かせながら、2パット（パー）でいけばよしとする?

この質問は、じつはパーオンした場合とは限らない。ボギーオンでも、答えは同じだからだ。そんなことをいうと「ならば、ここはパーを取るべく、果敢にカップを狙うべきだ」と考える人もいそうである。しかし、正解は「パーオンしようと、ボギーオンしようと、2パットでよしとする」である。

なぜか? 理由は、スタートホールでは、絶対に3パットだけはしたくないから

だ。スタートホールでの3パットは、ほかのホールの3パットと比べると、比較にならないほどダメージが大きいのである。

仮に3パットのボギーを叩いたとする。同伴競技者のなかには、ミスショットをくり返しながら、なんとか4オン。しかし、上りのパットが一発で入ってボギーという人もいるだろう。同じボギーでも、どちらのダメージが大きいかはいうまでもない。ましてこれがスタートホールでとなると、3パットしたプレイヤーは、次のホールのパッティングが不安でたまらなくなる。スムーズにストロークできなくなったり、グリーンの読みに自信をなくしたり、以後、何度も3パットをくり返すことも多い。つまり、出だしの3パットは、その日のパッティングをボロボロにしかねないのだ。

そもそも、最初のホールの最初のパッティングが、下りのむずかしいラインについた段階で、あなたは「ツイていなかった」と諦《あきら》めるべきなのである。練習グリーンと本番のグリーンの速さが違うコースなど、ざらにある。いくら練習グリーンでボールを転がしてみたところで、スタートホールのグリーンでは、じつのところ、どれくらい速いのかは打ってみないことにはわからない。そんな状態で、いきなり下りのパットをカップインさせようとするのは、無謀《むぼう》とさえいえる。

とにかく、最初のホールのパッティングでは、大ショート、大オーバーだけはしないよう、距離をしっかり合わせることに集中すること。そして、無難に2パットで切り抜けられれば十分と考えること。強気にカップを狙っていいのは、上りのショートパットだけといってもいい。

では、2パットで十分のはずのパットが、たまたま一発で入ってしまい〝おはようバーディ!〟なんてときはどうするか? じつは、こんな場合も、あとあと落とし穴が待っていることが多い。理由は、スタートホールでのバーディなど、ほとんどのアマチュアゴルファーにとって想定外だからだ。

ゴルフでは想定外のことが起こるとリズムが狂いやすい。とくに最初の3ホールは、できるだけ無難におとなしくプレーし、徐々にエンジンの回転数を上げていくのが理想。実際、ベストスコアが出たラウンドというのは、最初の3ホールを無難に切り抜け、しだいにノッていけたとき、というゴルファーが多いはずである。

とはいえ、カップインしてしまったものはしょうがない(?)。けっして浮かれず、かといって自戒しすぎるのでもなく、「ラッキー!」くらいに思って、早く次のホールのティーショットに頭を切り替えよう。いつまでも〝スタートホールのバーディの味〟に浸っていると、いろんなミスをやらかすものです。

2章

●なるほど、そう攻めるのか

「コースマネジメント」

大叩きしなくなる極意

「コースマネジメント」の絶対原則

頭のいいゴルファー　自分の「本当の距離」と「球筋」を把握している

頭の悪いゴルファー　ランまで含めた距離など、長めに見積もっている

アベレージゴルファーにとって、「飛んで曲がらないボール」を打つことは、ひとつの理想であり、到達点のはずだ。実際、5割の確率で「飛んで曲がらないボール」を打つことができれば、それだけでシングル、どころかプロになれるかもしれない(逆にいえば、5割の確率で「飛んで曲がらないボール」を打つことは、それくらいむずかしいということなのだが……)。

ただ、ゴルフというゲームは、「飛んで曲がらないボール」が打てるだけではスコアメイクに結びつかない。

なぜなら「飛んで曲がらないボール」でも、狙い所が悪かったり、クラブ選択が間違っていたりすれば、パーはとれないからだ。コースをどう攻めるか(あるいは守るか)という作戦、つまりコースマネジメントがしっかりできていないと好スコアが出ないのがゴルフというゲームなのである。

逆にいえば「飛ばない・曲がるボール」しか打てないゴルファーでも、コースマネジメントがしっかりできていれば、「飛んで曲がらないボール」は打ってもコースマネジメントができないゴルファーより、いいスコアで上がれるということ。これぞ、まさにゴルフの醍醐味《だいごみ》といいえ、頭のいいゴルファーの腕の見せ所ということになる。

では、頭のいいコースマネジメントを考えようとするとき、もっとも大切なことは何か？　それは、自分の距離と球筋を知っているということである。

ゴルフは〝飛ばすゲーム〟ではなく〝狙ったところにボールを運ぶゲーム〟だ。ティーショットなら「バンカー手前のフェアウエイ右サイド」、ピンを狙うショットなら「ピンの手前」など、どんなショットにも狙い所があるはずだが、そこにボールを運ぶためには、自分の距離と球筋を正確に知っていなければならない。

そんなの当たり前、自分の距離と球筋くらいよく知っている——という声が聞こえてきそうだが、多くのティーチングプロがいうことには、アベレージゴルファーのほとんどは、球筋はともかく〝自分の本当の距離〟を知らないというのだ。

〝自分の本当の距離〟とは、キャリーの距離、つまり落下地点までの距離をいう。ところが、アベレージゴルファーのなかには、落下してから転がった距離、つまりランまで含めた距離を〝自分の距離〟だと勘違いしている人が多いのである。

ランまで含めた距離を〝自分の距離〟だと勘違いしていると、これはコースマネジメントが成り立たなくなる。なぜなら、ランの距離というのは、コースの状態によって大きく変わってくるからだ。全英オープンが開催されるような吹きっさらしの硬いフェアウエイのコースでは、ドライバーで打ったボールが100ヤードも転がることもあるし、地表が粘土質だったり、雨あがりだったりしてフェアウエイがやわらかいコースでは、ほとんどランが出ないこともある。グリーンもしかり。やわらかいグリーンはスピンがかかってボールはよく止まるが、硬いグリーンなら、よほど高い球でなければ、すべてグリーンオーバーということになる。

さらに、球筋が*フェードという人はランがあまり出ないし、*ドローならランが出やすい。だから、持ち球がドローのゴルファーが、ランまで含めた距離を〝自分の距離〟だと思っていると、持ち球がフェードの人以上に、自分の距離を長めにみてしまうことになる。

いずれにせよ、コースマネジメントは、キャリーの距離が基本の単位となって初めて組み立てることができる。その基本単位をしっかり把握していれば、初めてのコースでもコースマネジメントが容易にできるのだ。

＊フェード＝ゆるやかに右に切れていくボール。飛距離・ランはあまり出ない。
＊ドロー＝ゆるやかに左に切れていくボール。飛距離・ランとも出やすい。

それをランまで含めてしまうと、ドライバーで越えるはずのバンカーを越えなかったり、ピンをデッドに狙ったつもりのショットが大ショートということになったりする。

じっさい、アベレージゴルファーのほとんどは、パー3でショートする（オーバーするのは、トップしたか、突風が吹いたときくらいだろう）。これは、ミスヒットが原因というだけでなく、そもそも自分の距離をランまで含めることで過大評価しているからなのだ。その背景には、「アイアンでも飛ばしたい」「アイツが7番なのに、自分が6番では恥ずかしい」という意味のない見栄もありそうではありますが。

また、そういう頭の悪いゴルファーのなかには、10発打って1発あるかどうかの〝最高の当たり〟を〝自分の本当の距離〟だと思い込んでいる人もいる。しかし、〝自分の本当の距離〟は、あくまで平均値でなければ、データとして使えないことはいうまでもない。

もちろん、イチかバチかでドライバーをマン振りしたときは＋20ヤード、アドレナリンが出ているときはふつうにアイアンで打ったつもりでも＋10ヤードという場合もあるけれど、プロや上級者は、最初からそうなることが計算できている。つまり、基本になるのは、あくまで〝平均的なキャリーの距離〟なのである。

＊ピンをデッドに狙う＝ピンの根元を狙うショット。

「ティーショット」の狙いどころ

頭のいいゴルファー　グリーンから、そのホールの攻略ルートを考える
頭の悪いゴルファー　つねにフェアウエイの「真ん中」を目がけて打つ

コースマネジメントのイロハとして、「パー4のティーショットやパー5の第2打は、ピンの狙いやすいところにボールを運ぶ」というものがある。

たとえば、ピンがグリーンの左に切ってあれば、フェアウエイの真ん中より右側からのほうがショートしても花道が使えるから狙いやすい。

上級者になると、しゃにむにピンを狙うのではなく、グリーンを前後左右に四分割して、どこにボールを運べば、パッティングが楽かを判断。そして、その場所にボールを置くためには、どこから打てばいちばん簡単かを考えて、ティーショットの落とし場所を見つけている。

ピンの位置とは関係なく、グリーン周りのバンカーや入れてはいけないラフ、OBゾーン、あるいはフェアウエイのアンジュレーションなどによっても、自ずと「グリーンの狙いやすい場所」がある。ベストポジション、いわゆる「ベスポジ」と

いうものである。

ホームコースなら、メンバーはみなベスポジを熟知している。場合によっては、「このホールは、左のバンカーに入る危険性のあるフェアウエイより右のセミラフのほうがパーオンしやすい」なんていうケースもある。

こういうことは、なかなか初めてのコースではわからない。キャディに尋ねるしかなさそうだが、セルフでラウンドしているときはどうするか？

こんなときは、コースのレイアウト図（最近はカートに常備してあったり、コースのホームページに掲載されていることが多い。あるいはグーグルの空撮写真を利用する方法もあり）を見て、グリーンからそのホールの攻略法を考えることである。

ゴルフというゲームでは、「後ろをふり返る」という機会がめったにない。ほとんどのゴルファーは、前ばかり見ている。べつな言い方をすれば「前のめり」になっている。

なんであれ、いつも「前のめり」というのは、あまりよろしくない。「前のめり」になると視野が狭くなる。

なるほどゴルフは最終的にはカップを文字どおり〝ピンポイント〟で狙う競技だが、ピンばかり見ていると、もっと楽なルートがあることに気がつかないのだ。

実際、何打もついやしてやっとグリーンに乗せたというとき、ふと後ろをふり返ってみると、「なぜ、あんなところにボールを打ち込んでしまったのか」「もっと右サイドの広いスペースを利用すべきだった」ということが初めてわかることがある。それは、何度もプレイしているホームコースでもしかり。グリーンからティーグラウンドをふり返ってみたところ、意外な攻略ルートが発見できた、ということもある。

頭の悪いゴルファーは前しか見ていないが、頭のいいゴルファーは、ときには後ろをふり返るのである。

フェアウエイからでもグリーンからでもいい。ときどき後ろをふり返ってみると、視野(攻め方など)が狭くなっていたことに気づいたり、いろいろなものが見えてくる。

シングルも知らない「距離と方向性」の真理

頭のいいゴルファー　ロングゲームは方向性を、ショートゲームは距離を大切にする

頭の悪いゴルファー　ロングゲームは距離を、ショートゲームは方向性を大切にする

ドライバーやフェアウエイウッドなどの長いクラブは、距離が欲しいときに使うクラブ、つまりロングゲーム用のクラブだ。一方、ウェッジやショートアイアンは飛ばすためのクラブではない。ピン側《そば》や、ときにはカップインを狙うクラブ、つまりショートゲーム用のクラブである。

こうなると、ロングゲームでは距離が、ショートゲームでは方向性こそが大切ということになりそうだが、結論を先にいえば、これはゴルファーが陥りやすい常識のワナ。実際は、ロングゲームでは方向性を、ショートゲームでは距離を大切にすべきなのだ。

たしかにロングゲームでは、飛距離があるほうが有利には違いない。しかし、距離が出ても、ラフや林に入ってしまえば、とたんにパーオンはむずかしくなる。アマチュアなら、飛距離が20ヤード短くても、フェアウエイにボールがあるほうがパ

ーオン率が高いはずである。つまり、「曲がる可能性のある250ヤードのドライバー」より「曲がる可能性の少ない230ヤードのドライバー（あるいはスプーン）」のほうが、いいスコアで上がれる可能性が高いというわけで、これが「ロングゲームは方向性が大切」という理由である。

まあ、この考え方には同意されるゴルファーも多いはずだが、「ショートゲームは距離が大切」という考え方になると、異論のある向きも多いのではないか。

たしかに、距離は短いのだから、方向性こそが大切というのは、一見すると正論のように思える。しかし、現実をふり返ってみると、多くのアマチュアゴルファーは、寄せようと意識するあまり、ヘッドアップしてダフったり、手打ちになってチョロやトップしたりなど、方向性は正しくても、大ショートしたり、大オーバーしたりしがちだ。30～50ヤードのアプローチの場合、シャンク*はべつとして、ボールが明後日《あさって》の方向に飛んで行くということはめったにないはず。ミスは、ほとんどの場合、強すぎたり、弱すぎたりという〝距離のミス〟のはずである。

これはパッティングとよく似ている。ラインを気にしすぎるあまり、肝心の距離感がイメージできず、大ショートや大オーバーをくり返す……。ショートゲームは、やはり方向より距離が大切というわけだ。

＊シャンク＝クラブのヘッドと柄の接続部で打ってしまうミスショット。

「パー5」のお気楽攻略法

頭のいいゴルファー　パー5はミスが許されるから気楽にショットできる

頭の悪いゴルファー　パー5は飛ばさなければと、ついつい力んで大叩き

プロゴルファーにとって、パー5は、バーディを狙うホールだ。いまどきのプロゴルファーは、ドライバーで300ヤード飛ばすプレイヤーはザラにいるから、500ヤードのパー5なら第2打はアイアンでグリーンが狙えるケースは珍しくない。となれば、当然、ここはバーディ狙いということになる。

では、ドライバーショットは230ヤードがせいぜいというアマチュアにとってはどうか？　きっとこんなケースが多いはずである。

ドライバーが会心の当たりでも、残りはまだ270ヤード。できるだけグリーン近くまでボールを運んでやろうと、スプーンを強振するのだが、これが大ダフリで、50ヤードしか前に進まない。残りはまだ220ヤード。よし、まだパーオンのチャンスはあるとばかり、再びスプーンを強振。しかし、またまた大ダフリ。けっきょく、グリーンに乗るまでに5打も要し、2パットのダボで終わる……。

アベレージゴルファーは、プロや上級者にとっては簡単なはずのパー5で、なぜ大叩きしてしまうのか？　その理由をひと言でいうと、距離に対する過大な思い込み、ということになる。「500ヤードもあるのだから、飛ばさなければならない」「スプーンを持ったのだから飛ばさなければならない」。この「飛ばさなければならない」という気持ちが、大叩きの最大の原因なのだ。

頭のいいゴルファーは、反対にこう考えるはずだ。「パー5は、飛ばさなくてもいいし、ミスも許されるホール。だから気楽に打てる」と。

なぜ、「飛ばさなくてもいい」のか？　500ヤードを3打で乗せるためには、1打あたり170ヤード飛べば十分だからだ。つまり、5番アイアンくらいを3回打てばグリーンに乗るのだ。まあ、実際は、5番アイアンを3回連続ナイスショットするのはむずかしいから、ドライバーを使う人が多いはずだが、それでも、頭のいいゴルファーはけっして力むことだけはしない。200ヤードで十分と、気楽にスイングする。2打目はアイアンでもフェアウエイウッドでもいいが、さらに150〜200ヤード先までボールを運び、残りをウェッジかショートアイアンでグリーンに乗せればいい——そんなふうに思っている。

仮に、ドライバーショットをミスして、ボールがラフや林のなかに入っても、いったんフェアウェイに出せば、まだ十分パーオンのチャンスはあるのがパー5。そんな計算も、彼のドライバーショットから力みを取り除いてくれる。だから、結果としてナイスショットが連続し、うまくするとバーディも取れる。

パー5は、ほんとうはアベレージゴルファーにとってもやさしいホールなのだ。ただ、距離が必要と思ってしまうと、パー5は「ひたすら距離の長いモンスターホール」になってしまう。パー5でパーが計算できるようになれば、ゴルフはずっと楽になる。そのためには、もっと気楽にプレイすること。パー5を攻略する極意があるとすれば、これしかない。

飛距離への思い込みこそ大叩きの原因。力まずに打てば、ナイスショットにつながる。

「パー3」で大叩きしない攻略法

頭のいいゴルファー　パー3は「絶対に打ってはいけない場所」を明確にする

頭の悪いゴルファー　パー3は一発勝負に出てバーディを狙い、大崩れする

ゴルファーにとって生まれて初めてのバーディというのは、圧倒的にパー3のホールが多い。理由は簡単。結果オーライだろうとなんだろうと、パー3ではピンそばに寄るショット一発で、簡単にバーディが取れることがあるからだ。パー3なら、ビギナーでも（たとえまぐれでも）、バーディの可能性は大いにありうる。

ビギナーでさえパーやバーディが取れるのだから、アベレージゴルファーがパー3のホールでパーを狙うのは当然というべきか。ところが、実際は、パー3もパー5同様、池に入れたり、バンカーから何度も打ったりで、大叩きというケースが多いのはご存じのとおりだ。

じつは、プロゴルファーにとって、パー3は〝守るホール〟とよくいわれる。2007年に日本で開催されたすべてのトーナメントにおける各選手のスコアをパー3、パー4、パー5ごとに累計したデータがある（JGTO調べ）。

それによれば、パー3の累計スコアがアンダーだったのは、S・レイコックと李丞鎬の二人しかいない。平均という意味で50位の川原希を見てみると、彼の累計スコアは34オーバー。彼の場合、トータルで54ラウンドだから、パー3は216ホール。ということは、7回に1回はボギーだったということになる（実際はバーディもあるから、ボギーの回数はもっと多いだろう）。

ちなみに、パー4の累計がアンダーだったのは、B・ジョーズただひとり！　これがパー5になると、トップは谷口徹の96アンダーで、なんと100人以上がアンダーである。

パー4のむずかしさはわかるとして、なぜパー3をアンダーで回れたプロはふたりしかいなかったのか？

それは、パー3には、かならずといっていいほど〝絶対に打ってはいけない場所〟があり、運悪く（技量が低く？）そこに行ってしまった場合、ボギーやダボを覚悟しなければならないからだ。

プロにとって、パー3のボギー、ましてやダボは、かなりダメージが大きい。どんなにむずかしいパー3であっても、プロである以上、パーが当たり前と考えるからだ。だから、彼らは、池はもちろん、ピンに寄りようのないバンカーやラフなど

〝絶対に打ってはいけない場所〟だけは避けようとする。その結果、カップの位置によっては、「下手にグリーンに乗せるより、手前の花道やグリーンサイドのラフのほうがパーが取りやすい」というケースも珍しくない。

こうして安全な場所にボールを運び、狙いどおりパーが取れれば、やれやれというところ。バーディは、たまたまくらいにしか考えていないゴルファーが多い（優勝や予選通過がかかっていて、危険を承知でピンをデッドに狙うこともちろんあるけれど）。というわけで、パー3は守りのホールになる。平均スコアが悪くなるのも当然なのである。

〝絶対に打ってはいけない場所〟は、プロもアマも同じだ。いや、こういう場所に打ち込んだときはプロでさえボギーを覚悟するのだから、アマの場合は、ダボやトリまであると思っていたほうがいいかもしれない。

ところが、頭の悪いゴルファーは、この〝絶対に打ってはいけない場所〟に気がつかず（そのため、怖いものナシでたまたまピンに寄ることもあるのだが）、いとも簡単にその〝絶対に打ってはいけない場所〟に打ち込んでしまう。そして、そこからアプローチショットを打つという段階になって初めて、そのショットが容易ならざることを知るのである。

とはいえ——。

アマチュアでも、中級レベルになってくると、〝絶対に打ってはいけない場所〟がわかってくる。すると、その場所を避けようと意識するあまり、たとえば池の反対側にあるむずかしいバンカーに入れたり、ピンからはるか離れた3パットの危険地帯に乗せてしまったりする。だから、いよいよパー3はむずかしいということになる……。

まあ、あまり考えすぎないほうがいいのだろう。パー3では、無心になって、グリーンの真ん中を狙う——ほんとうに頭のいいゴルファーは、きっとそうしているはずである。

絶対に打ってはいけない場所を明確にし、それを避ける道を選ぶことが「パー3」攻略のコツ。無理は禁物。

「パー4」の頭のいい攻略法

頭のいいゴルファー　攻めるホールと守るホールのメリハリをつける

頭の悪いゴルファー　難しいコースでも、つねにパー狙いで自滅

パー4を制するものが、ゴルフを制する——。2007年のJGTOのスタッツを見ていると、どうやらそんなことがいえそうである。

2007年に開催された全トーナメントにおけるパー4の累計スコア。そのトップ5は以下のような顔ぶれである。

1位B・ジョーンズ（−《マイナス》4）　2位片山晋呉（±0）　3位小田孔明（+2）

4位藤田寛之（+5）　5位谷口徹（+7）

一方、2007年の賞金ランク・トップ10は、1位谷口徹、2位片山晋呉、3位B・ジョーンズ、4位谷原秀人、5位近藤智弘、6位ドンファン、7位宮本勝昌、8位藤田寛之、9位小田孔明、10位P・マークセンで、パー4の累計スコアがよかった5人全員が、賞金ランクのベスト10に入っている。

こうした相関関係は、パー3やパー5では見られない。パー3やパー5は選手に

よって得意・不得意が大きく分かれるが、この2種類のホールの成績は賞金ランクという総合的な成績とは無関係なのである（その意味で、この3部門すべてでトップ5に入る唯一の選手・谷口徹が賞金王になったのは、当然というか、ご立派というか）。

また、パー3、パー4、パー5の累計スコアで、もっとも選手間の差が大きいのもパー4だ。1位の選手と、中間に位置する50位前後の選手を比べてみると、次のようになる。

・パー3……1位レイコック　－4　50位　＋34
・パー4……1位B・ジョーンズ　－4　51位　＋75
・パー5……1位谷口徹　－96　51位　－41

パー3ではトップの選手と中間の選手の差は38打、パー5では55打だが、パー4になると、その差は79打にまで広がるのである。

まさに、パー4を制するものがゴルフを制するといえるだろうか。

このあたりの事情は、もちろんアマチュアでも同じ。シングルとアベレージゴルファーの差がもっともあらわれるのがパー4といっていい。

なぜなら、パー4は、パー5ほどミスが許されないし、パー3ほど〝結果オーライ〟も少ないからだ。つまり、ゴルファーの実力がもっとも端的にあらわれるのがパー4。

そういうホールが、18ホール中、10ホールもあるのだから、まあ差が開いて当然ではある。

ただし、パー4のホールはすべてむずかしいのかといえば、もちろんそうではない。たしかに最近は、プロの試合なら500ヤード近いパー4、アマでも450ヤードを超すようなパー4がふえているし、距離は短くても、両側がOBだったり、巧みに池が効いているホールも少なくない。

しかし、その一方で、パー4のなかには、距離は短く、ハザードも少ない、「どうぞパーをお取りください」という〝サービスホール〟があるのも事実だ(ただし、そういうホールでは、意外にグリーンがむずかしいことが多いから油断は禁物)。

要は、こうしたホールで手堅くパーを拾い(あわよくばバーディを取り)、むずかしいホールでは最初からボギーでもよしとする——頭のいいゴルファーは、そういうメリハリのつけ方が上手なのである。

べつな言い方をすれば、パー4は〝攻めるホール〟と〝守るホール〟を明確に意識してラウンドするということだ。危険なホールでは、ティーショットを短いクラブにして、距離よりフェアウエイキープに徹する。あるいは、あえてグリーンを狙わず、最初から刻んで3打勝負に賭ける。プロなら、こうしたむずかしいパー4では、「バーディを取ることより、ボギーを打たないこと」を第一に考えるものだが、アマなら、最初から「ボギーでよし」と考えればいい。そう思うと、どんなにむずかしいパー4でも、とたんに気楽になるもの。で、そうなると、第3打がピタリと寄って、パーが取れたりするのがゴルフだ。

その点、頭の悪いゴルファーは、どんなホールでも1ヤードでも飛ばそうとドライバーをふり回し、どんなライからでも、あるいはどこにピンが切ってあっても、しゃにむにグリーンを狙って自滅するのである。

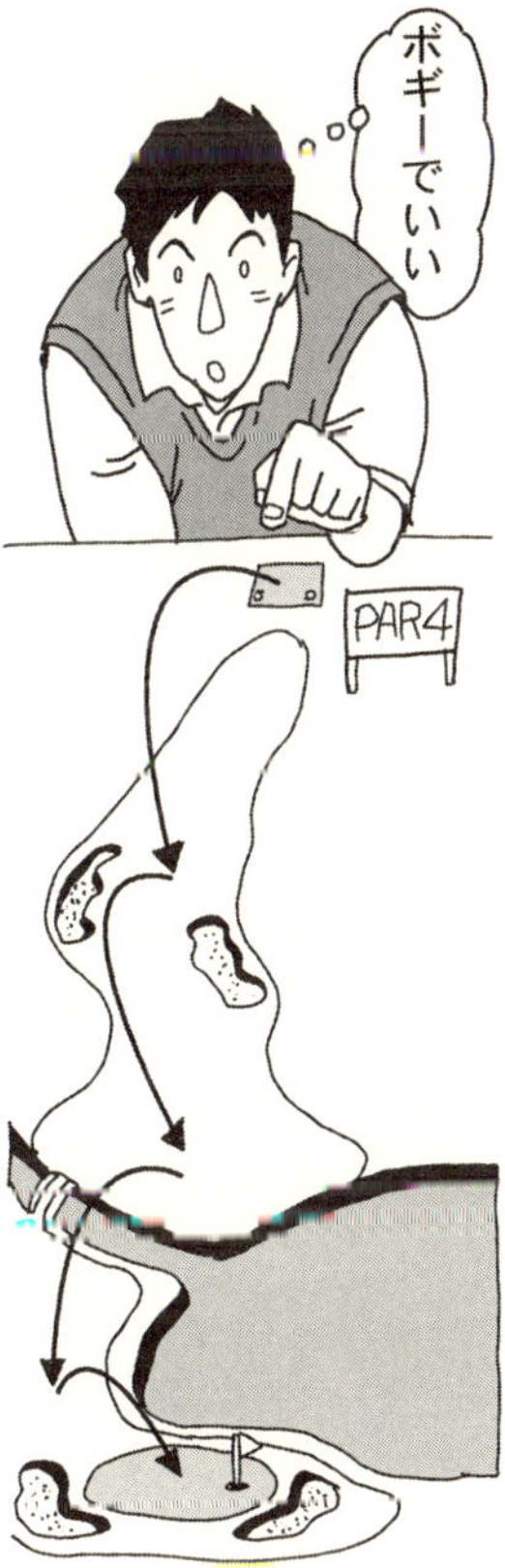

たとえば「ハンディキャップ1」のホールや苦手なホールでは、ボギーでOKと考えていい。

「ホール毎の目標スコア」と正しい計画

頭のいいゴルファー　最初から「ボギーでよし」のホールがあると考える

頭の悪いゴルファー　つねにパーやベストスコアを狙う

パー3、パー5、パー4の特徴と、その一般的な攻略法について説明してきたが、これまでの話は、自分なりのスコアメイクを考える際のヒントにもなるはずだ。

たとえばハンデ8のゴルファーがホームコースをパープレーの80でラウンドしようとする場合、彼が頭のいいゴルファーなら、「トータルで8オーバーまではOK」などとは考えないもの。ホール毎に、こんな目標スコアを設定するはずである。

・パー3（4ホール）……＋2
・パー5（4ホール）……＋1
・パー4（10ホール）……＋5

パー5とパー3は、すべてパーでいきたいところだが、すべてのミスはカバーできないから、パー3でふたつ、パー5でひとつくらいのボギーはやむをえない。パー4は、自分にとってむずかしいホールが5ホールあるから、そこはボギーでいい、というわけである。あとは、ひたすらダボを叩かないよう慎重にプレイし、できるだけパーを拾っていく。そして、この計画より1打でもよければ、70台で回れるというわけだ。

ちなみに、この「計画（パープレー）より1打いいスコア」がしばらくつづくと、やっとハンデがひとつ減る。これをべつな言い方でいえば、「ボギーでもやむをえない」と思っていたホールが、技量が上がって「パーが取れる」ようになるということ。すなわち、これが「ハンデをひとつ減らす」ということの意味で、シングルになると、ハンデひとつ減らすのがいかに大変かがおわかりだと思う。

一方、頭の悪いハンデ18のゴルファーは、最初からこうした計画がない。よくいわれるのは、「ハンデ18なら、すべてのホールがボギーでいい」というものだが、これは一種のオマジナイのようなもの。計画が漠然としていて、メリハリがない。だから、けっきょくは、すべてのホールでパーを狙うことになり、18打もあったはずの貯金がズルズルと減りつづける。そして、3～4ホールも残して、貯金の残高はゼロに。かくして彼はキレるか、今日もダメだったと肩を落とすのである。

頭のいいハンデ18のゴルファーなら、次のような計画を立てるものだ。

・パー3（4ホール）……＋3

・パー5（4ホール）……＋3
・パー4（10ホール）……＋9

つまり、パー3、パー4、パー5のひとつでいいから、パーを取ることを目標に、ハンデより3ストローク少ない87で回ることを目指す（実際はダボもあるから、保険をかける意味でそれぞれ2ホールはパーを取っておくのが理想だが）。

逆にいえば、最初からボギーを想定したホールが15あるということで、これだけで気分的にかなりラクになる。じっさい、アベレージゴルファーを卒業した頭のいいゴルファーのなかには、こうした発想の転換だけで簡単に90が切れるようになった人がたくさんいる。

こうした計画は、スコアカードに記してあるホール毎のハンディキャップを見れば、初めてのコースでも簡単に立てることができる（ハンデ15の人なら、ハンデ1～15までのホールがハンデホールとなり、そこはボギーでいい。ハンデ20の人は、ハンデ1とハンデ2のホールは、ダボでもいい）。

自分のハンデと向き合って、それをコース攻略に生かすこと。つまり〝パーおじさん〟ではなく〝ハンデ〟と戦うこと。これは、ハンデを縮める、つまりゴルフが上達するための意外な近道なのだ。

「ギャンブル」に出るか「安全策」か

頭のいいゴルファー 一瞬でも「無理かな」と思ったら冒険しない

頭の悪いゴルファー かなり低い成功率に賭ける

ゴルフのラウンドでは、つねにリスクを考えながらショットしなければならない。たとえば、

①ティーショットを林に打ち込んでしまった。グリーンを狙うためには、5メートル先にある1メートルの隙間《すきま》を狙うしかないが、少しでもコースが狂うと、木に当たってボールはどこに飛んでいくかわからない。ここは、広く空いている空間を狙って真横に出すだけにするかどうか。

②ボールはグリーンの真ん中まで残り220ヤードのフェアウエイにある。スプーンで会心の当たりがでれば、2オンする可能性はあるが、生憎《あいにく》グリーンの手前には池がある。池に入るリスクを避けて、短いクラブで池の手前を狙うかどうか。

③ボールは深いラフにあり、無理にグリーンを狙うと、ショートしてグリーン手前のむずかしいバンカーに入ったり、フェイスが返って、左のOBゾーンに行く可能能

性が高い。ここは短いクラブで、とりあえずフェアウエイに出すだけにするかどうか。

こうした場合の安全策は、いわゆるレイアップ（刻み）といわれるもので、典型的なコースマネジメントであることはご存じのとおりだ。

レイアップするかどうかは、自分の技量（平均的な飛距離とミスショットしたときの曲がり具合）とリスク（ミスショットする確率とその場合に想定されるストロークの損失）を脳にインプットし、冒険（ギャンブル）するか安全策を取るか、どちらのほうがストロークの損失が少ないかを計算して決められる。

もちろん、プロなら、「優勝のためには絶対にバーディが必要」とか、アマでも「このホールでパーを取れば初の80台」というときのように、リスクを承知でギャンブルしなければならないことはある。しかし、ふつうのラウンドで、1打でもいいスコアで上がろうと思えば、こうした計算はつねに冷静に行なう必要があることはいうまでもない。

自分の技量とリスクを計算する場合、たとえばアニカ・ソレンスタムは、「10回のうち6回はうまく打てるなら、チャンレンジする」といっている（『アニカ・ソレンスタム　54プレゼンツ』ゴルフダイジェスト社）。成功率がそれ以下なら、練習場以外で試すことはないというのだ。

プロゴルファーは、同じようなリスクのある場面を何回も経験しているし、練習量も豊富だから、すぐに成功率がわかる。では、プロほど経験も練習量も少ない私たちアマチュアは、冒険的なショットの成功率をどうやって知ればいいのか？

結論からいえば、私たちには正確な成功率などわからない。ただ、ラウンドが月イチというアベレージゴルファーの場合、一瞬でも「これは無理かな」と頭をかすめるようなショットは、90％そのとおりになるはずだ（だから、彼らはミスしたあとに「やっぱり」という）。つまり、冒険的ショットの成功率は1割で、よほどのことがない限りやらないほうが賢明ということになる。

これが、ラウンドが週イチくらいになり、ハンデも10前後になると、「無理かな」ではなく、直感で「成功するかも」と思える場面がふえてくる。「無理かな」の場合の成功率は2～3割程度だが、「成功するかもしれない」と思えるような場合、それなりの経験的裏付けがあるはずで、おそらく2回に1回は成功する。

つまり、冒険的ショットの成功率は5割で、かなりアマチュアのレベルに近づいているとはいえ、アニカなら5割ではやらない（もちろん、そのショットが冒険的かどうかは、ゴルファーの技量によって違ってくる。つまり、われわれにとっては冒険的でも、アニカにとっては朝飯前ということは大いにあるわけだが……)。

とはいえ——。ギャンブルすべきか安全にいくべきかは、経験しないとホントのところはわからないことが多い。痛い思いをたくさんすることで、人間は初めてリスクを避けようとするものだし、反対に、どうすればギャンブルがギャンブルでなくなるかを考えるようにもなる。

後者の場合、それは、ゴルフの技量を上げようと努力することに結びつく。というわけで、ここは「失敗を恐れてばかりでは進歩がない」という手垢《てあか》のついた教訓を垂《た》れておきたい。手垢がついているということは、それだけ真理を突いているということでもあるのだから。

1ホールでギャンブルにうってでるのは、せいぜい1度。2回は自滅の道と心得よ。

「レイアップ（刻み）」に潜む落とし穴

頭のいいゴルファー 刻むと決めたら、ライと残りの距離を重視

頭の悪いゴルファー 刻むと決めたのに、距離を欲張る

前項（59ページ）の②の場面を想定してほしい。グリーンの真ん中に切ってあるピンまで220ヤードのフェアウエイ。あなたは、スプーンでのショットが成功する確率は低いとみて、池の手前に刻むことを決心したとする。

初めてのコースでキャディに尋ねると「池の淵まで150ヤード」という答え。あなたは〝自分の本当の距離〟が、9番アイアンが115ヤード、8番アイアンが130ヤード、7番アイアンが140ヤード（すべてキャリー）であることをよく知っているとする。風は無風。

さて、あなたはどのクラブでレイアップするだろうか？　池の淵まで150ヤードなら、7番アイアンで140ヤード飛ばせば、残りの距離が短くなっていいのでは、というのは間違い。この場合、7番アイアンは最悪の選択になる。理由は、

・刻むと決めたショットは力まないから、芯《しん》を食って想像以上に飛ぶことがある。

・突風が吹いて飛びすぎるかもしれない。
・ギリギリのクラブだから、少しでもトップしたら即、池に入る。
・計算どおり、池の手前10ヤードのところにキャリーしたとしても、池に向かって斜面になっていて、ボールが転がり込むかもしれない。
・池の手前は、池に入れたプレイヤーがボールをドロップするため、ディボット跡が多かったり、ラフという場合もある。つまりライが悪い可能性がある。

というわけで、ここは8番アイアンか、より保険をかけるなら9番アイアンが正解。仮に7番でうまくいっても残り距離は70ヤード前後。8番や9番でも、残りは90〜100ヤード前後だ。20〜30ヤード近いのはたしかにアドバンテージかもしれないが、7番アイアンを使うことのリスクを考えれば、この攻め方は意味がないどころか、頭が悪いとしかいいようがないのだ。

もうひとつ、グリーンを狙ってレイアップするときは、得意な距離を残すというのもセオリーだ。

9番アイアンなら、5ヤードのランを計算して、残りはピンまで100ヤード。8番アイアンなら、残りは85ヤードということになる。

100ヤードと85ヤード。どちらもピッチングかアプローチ、サンドで届きそうだが、こういうときは中間距離のクラブで距離をコントロールするより、得意なクラブでフルショットしたほうが距離も方向性も狂いが少ない。つまり、レイアップするときは、自分はどのクラブでフルショットするのがいちばん得意なのかを計算に入れておき、そのクラブで打てるような距離を残すのが賢明なやり方となる。

いずれにせよ、レイアップという選択をした以上、その次のショットは確実にグリーンをとらえるだけでなく、できるだけピンに寄せたいところだ。そのためにはこの章の最初で述べたように、〝自分の本当の距離〟を知っていることが大前提。その上で、「ライがよく、得意の距離を残す」のが鉄則なのである。

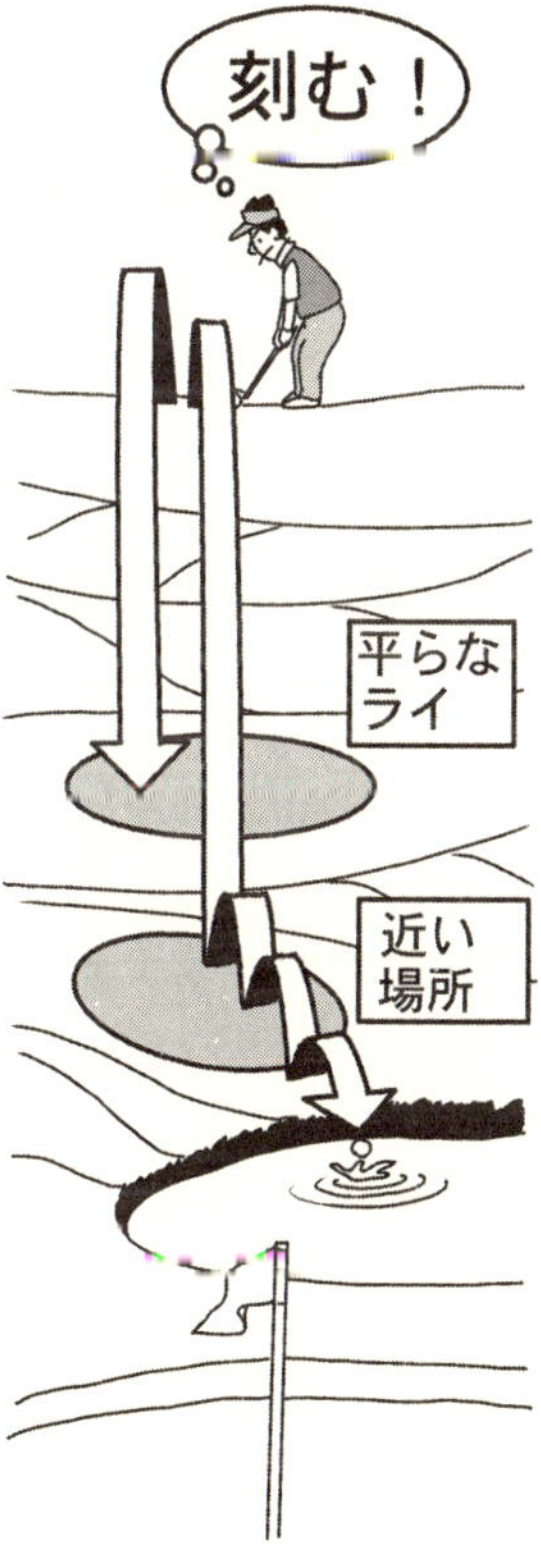

刻むときは、ライのいい場所を狙うか、自分の得意な距離を残して刻むべき。「少しでもグリーンに近づきたい」と距離を欲張ると痛い目に合うのがゴルフです。

距離と「クラブ選択」の誤算

頭のいいゴルファー ボールの地点に着いたら、まずはライを確認する
頭の悪いゴルファー ボールの地点に着いたら、グリーンまでの距離を確認する

パー4のホール。ティーショットを打ち終わって、ボールのところまでやってきたあなたは、最初に何を見、何を考えるだろうか？

頭の悪いゴルファーは、ボールの地点に立って、グリーンを見る。そして、ピンまでの距離を計ろうとするはずだ。で、残り150ヤードと判断したら、いつもその距離を打つときのクラブを抜いてアドレスに入る。

一方、頭のいいゴルファーは、ボールのところまで来たら、まずライを確認する。なぜなら、ライによっては、使用クラブが限られてどうしても望む距離が打てなかったり、反対に飛びすぎたりする場合があるからである。

たとえば、ボールが深いラフにある場合は、ウェッジで出すだけしかできないことがある。浅いラフの場合は、今度はフライヤー（92ページ参照）の可能性があり、その場合は、小さめのクラブを使ったほうがいいかもしれないと想像する。運よく

ラフの上にボールが乗っているようなときは、ラッキーと思いつつも、ダルマ落とし（93ページ参照）にならないよう注意する。

ボールがフェアウエイにあるときは、順目のライにあるのか逆目のライにあるのかをチェックする。順目ならヘッドがきれいに抜けてナイスショットの可能性が高いが、逆目だとヘッドが抜けず、引っかかったり、ダフったりするかもしれない。

次は、傾斜だ。左足上がりのライにボールがあるなら、ロフト＊が大きくなって思ったほどボールは飛ばないし、左足下がりならロフトが小さくなって、距離が出る。つま先上がりなら、ボールはフック回転がかかって距離が出やすいが、つま先下がりなら、ボールはスライス回転がかかって距離が出にくくなる。

といったようなことをだいたい5秒くらいで判断。そして、初めてピンまでの距離を計るのである。

ここで初めて使うクラブが2本くらいに絞られるが、まだ最終的には決まらない。風とピンまでの高低差、さらにはピンの位置とグリーンの硬さを考慮しなければならないからだ。

風がフォローで打ち下ろしなら、短いクラブになるし、反対なら長いクラブになる。まあ、これはイロハのイだからいうまでもないだろう。

＊ロフトが大きい＝シャフトとクラブフェイスの角度が大きいこと。それだけボールは高く上る。

また、ピンの位置がグリーンの左か手前なら、短いクラブのほうがピンに寄る可能性が高くなる。なぜなら、短いクラブのほうがフックしやすく、またフルショットしたときにスピンがかかって、グリーン手前のピンそばに止めやすいからだ。反対に、ピンの位置がグリーンの奥なら、長いクラブをソフトに打てばランを使ってピンそばに寄る可能性が高くなるし、右にあるときも長いクラブのほうがスライスしやすい分だけ寄せやすくなる。

最後がグリーンの硬さだ。スタートホールは別として、これまで何ホールか消化してきたのなら、そのコースのグリーンの硬さはおおよそわかっているはず。で、グリーンが硬いのなら、ボールが止まりにくいから短めのクラブ、やわらかければボールが止まりやすいから長めのクラブのほうがピンに寄ると考えるわけだ。

つまり、使用するクラブは、①ライ　②ターゲットまでの距離　③風　④高低差　⑤ピンの位置　⑥グリーンの硬さの6つの要素を総合して初めて決まるということ。さらにいえば、⑦当日の調子も加味する。もちろん、使うクラブが決まったときは、スイングアークの大きさ（ハーフショットかスリークウォーターショットかフルショットか）や球筋、弾道の高さもイメージできていなければならない。

こういうとなんだかとても大変な計算をしなければならないような気がしてくる

が、頭のいいゴルファーは、この複雑な計算を10秒以内でやってしまう（それ以上かかってはスロープレイになる）。プロなら一目か二目というところだろう。そして、自分が計算したとおりのショットが打て、なおかつピンに寄ったとき、そのゴルファーは深い満足とゴルフの醍醐味《だいごみ》、つまりボールを自在に操れたという喜びを味わうのだ。

グリーンまで150ヤードとキャディに教えられて、何も考えず（何も観察せず）いつものアイアンを使うゴルファーは、ゴルフがうまくならないばかりか、ゴルフのほんとうの楽しさも味わえないのである。

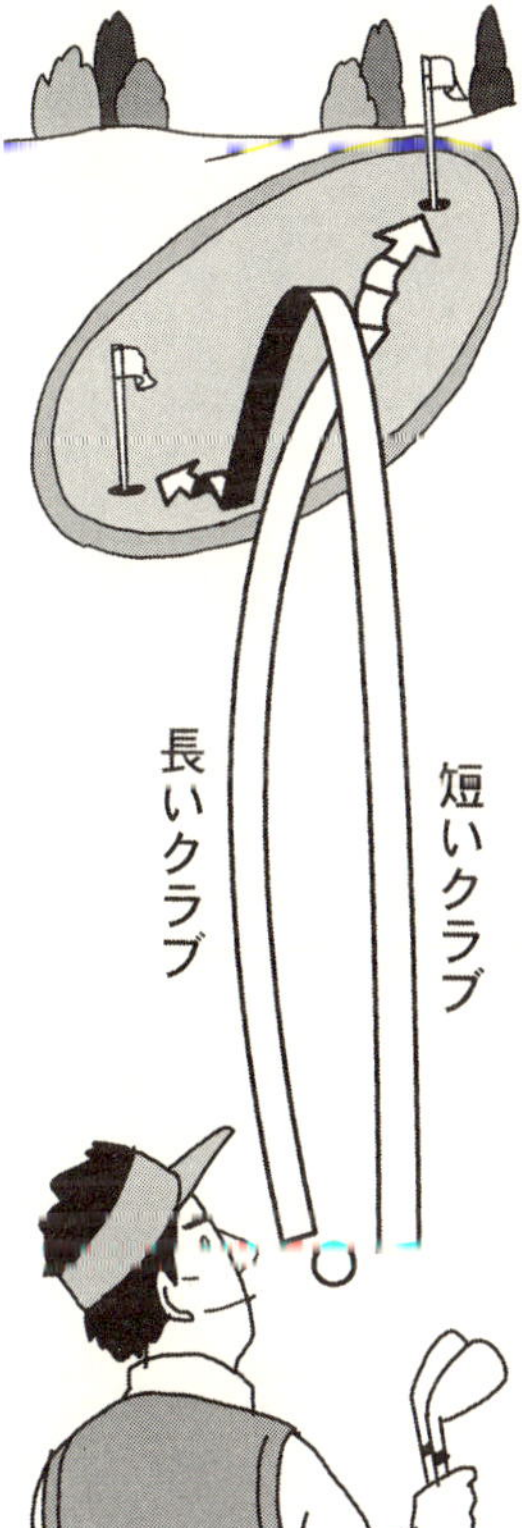

ピンの位置でクラブを選択。グリーン左か手前→短いクラブ。グリーン右か奥→長いクラブ。

見えない「傾斜」に注意せよ

頭のいいゴルファー 微妙な傾斜はボールから離れたところから確認しておく

頭の悪いゴルファー ボールのあるところに行って、初めて傾斜を確認する

ティーショットが左右に曲がって、斜面で止まってしまうことがある。右に曲がれば、ほとんどの場合、第2打はつま先上がりのライからのショットになるし、左に曲がればつま先下がりのライからのショットになる。

斜面の角度が20度以上あれば、どんなゴルファーでもひと目でそれがわかり、それなりの構えをするはずだが、ゴルフコースにはそんなわかりやすい傾斜地だけがあるわけではない。たとえフェアウエイであっても、微妙なアンジュレーション(起伏)があることが多く(というか、厳密にいえばまっ平らなライはまずないといってもいい)、それはボールから少し離れてみないと気づきにくいのだ。

ところが、頭の悪いゴルファーは、フェアウエイにボールがあるとひと安心。本当は微妙につま先上がりだったり、つま先下がりだったり、あるいは左足上がりだったり、左足下がりだったりするのだが、てっきり平らなライにあると思い込んで

スイングするから、さまざまなミスが出る。「アレっ？」と本人は首を傾げるのだが、たとえば微妙なつま先上がりを平らなライのつもりで打てば、無意識のうちに体重がかかかと寄りになったり、クラブが長すぎたりして、ダフリ、トップ、ヒッカケなど、さまざまなミスが出るのも当然なのだ。

前項で、ボールの地点に行ったらまずライを確認すべし、といったけれど、だいたいの傾斜は、ボールの地点よりずっと手前で確認しておくべき。ボールのあるところに行ってからでは、微妙な傾斜があっても平らに見えてしまうのだ。

最近はカートでラウンドするコースがふえている。徒歩でのラウンドなら、歩きながらボールのところまで行くあいだに微妙な傾斜を確認することができるけれど、カートに乗ってボールの付近に横付けしては、微妙な傾斜に気づきにくい。カートに乗ってラウンドするときは、せめてカートをボールに横付けせず、少し手前で降り、歩きながら傾斜を確認することをおすすめする。

また、手前から歩いていけば、2打目の狙いどころがイメージしやすいということもある。

ゴルフは本来、歩くスポーツ。歩くことは単に健康にいいだけではなく、リズムやスコアメイクにも大切なことなのだ。

「打ち上げ・打ち下ろし」ホールの〝見間違い〟

頭のいいゴルファー　打ち上げはライナー、打ち下ろしは高弾道をイメージする
頭の悪いゴルファー　打ち上げは高弾道、打ち下ろしはライナーをイメージする

丘陵コースや山岳コースには、コース案内に〝豪快な打ち下ろし〟などと形容されるホールがよくある。たいていそのコースで標高がいちばん高いところにあり、ティーグラウンドと2打地点の高低差が20ヤード以上あったりする。見晴らしがよく、一瞬、400ヤード以上先にあるグリーンにワンオンできそうな錯覚にとらわれる。で、〝豪快〟にスイングするのだが……。ボールは右に大きくスライスするか、思いっきり左にひっかける。そんなゴルファーが多いはずである。

こうしたミスの最大の原因は、目線にある。打ち下ろしのホールでは、どうしても目線が下に行く。すると右肩が前に出て、肩と腰のラインが開きやすくなる。その結果、クラブの軌道はアウトサイドインになり、スライスになるか、フェイスが閉じたままボールに当たれば左に引っかける。あるいは、右肩が出て上体がかぶったままインパクトを迎えても、引っかけが出てしまう。

反対に、打ち上げのホールでは、目線が上に行きやすい。さらに無意識のうちにボールを上げようとする動きが出やすくもなる。すると、右足体重になって、ボールを下から煽《あお》り打ちするようなスイングになる。結果、テーピン気味のフックや、右にプッシュというミスが頻発《ひんぱつ》するのだ。

打ち下ろしや打ち上げのホールでティーショットを大きく曲げてしまうのは、景色のせいで目線が変わり、正しいセットアップができなくなるからだ。ボールの落下地点が高かろうが低かろうが、ティーグラウンドは平らなのだ。であれば、景色の罠に惑わされず、フラットなホールのつもりでスイングをすればいい。

具体的には、目線の高さをいつも一定にしておくこと。そうすると、打ち下ろしなら、目標はグリーンの向こうにある高い木のてっぺん、という場合もあるだろうし、打ち上げなら、目線の高さの延長線上にあるフェアウエイにボールが突き刺さるようなイメージで打つことになるはずだ。実際は、クラブにはロフトがあるから、フェアウエイに突き刺さることはない。打ち上げだろうが打ち下ろしだろうが、出球の角度はフラットなホールと同じであるべきなのだ。

それでもまだ景色に過剰に反応してしまうというタイプのゴルファーは、打ち下ろしは高弾道、打ち上げはライナーを打つというイメージでスイングするといい。

「グリーン」の正しい狙い方

頭のいいゴルファー　どこにカップが切ってあっても、グリーンの真ん中を狙う
頭の悪いゴルファー　いつもホールインワンを狙っている

シングルならロングアイアン、ふつうのゴルファーならウッドを使わなければならないような200ヤード前後の距離のあるショートホール。こんなショートホールでは、シングルでも「乗れば十分」と考えるものだ。

しかし、使うクラブがミドルアイアン→ショートアイアン→ウェッジと短くなるにつれて、誰でも、ただグリーンに乗るだけでは満足しなくなる。短いクラブであればあるほど、カップの近く、それも上りのラインが残るような絶好の場所にボールを乗せたくなるのだ。

この本の取材に協力してくれたあるプロゴルファーがこんな話をしてくれたことがある。彼がまだ研修生だった頃、プロテストを受けるにあたって、先輩プロが次のようなアドバイスを授けてくれたという。

「カップがどこに切ってあろうと、グリーンはいつも真ん中を狙っていけ」

プロテストというプレッシャーのかかるラウンドでは、カップを狙うと墓穴《ぼけつ》を掘る――つまり、これは、メンタル面についてのアドバイスなのかと思ったら、そうではなかった。そのプロいわく、

「グリーンの真ん中というのは、どこにカップが切ってあっても、カップまでの距離は、最大でグリーンの半径しかないんです。つまり、とんでもないロングパットが残らないから、2パットで行けるということです。もしカップが真ん中近くに切ってあれば、当然バーディチャンスになるわけで、じつはこれ、とても実戦的なアドバイスだったんですよ」

グリーンの端に切ってあるカップというのは、ゴルファーの勇気と技量を試そうとしているものだ。なぜなら、そういうホールでは、カップを狙ったボールが少しでも逸《そ》れると、〝入れてはいけない〟バンカーやラフ、はたまた池に入りやすくなっているからだ。だから、多くのゴルファーは、その罠から逃げようと、たとえば右端に切ってあるカップから、遥か遠い左端に乗せてしまったりする。

もちろん、設計者の誘惑に乗った勇気あるゴルファーの何割かはピンそばに寄せてバーディを取るだろう。しかし、実際は〝入れてはいけない〟場所にボールが行って、ボギーを叩くゴルファーのほうがずっと多いのだ。

その点、カップがどこに切ってあろうと、そんなことは一切おかまいなしに、いつもグリーンの真ん中しか狙わないゴルファーは強い。こういうゴルファーは、「ここはスライスをかけてピンに寄せよう」などとは思わない。小細工を弄《ろう》することをせず、いつもと同じスイングをしようとするから、ボールも曲がらない。

結果、ボールは当たり前のようにグリーンの真ん中に乗り、3回に1回くらいはバーディチャンスにつく。なぜなら、18ホールのうち、カップが真ん中付近に切ってあるホールは、6ホールくらいはあるからだ。つねにグリーンの真ん中を狙う――コースマネジメントを考えるとき、これはじつに深遠な真理だと思う。

どこにカップが切ってあっても、グリーン中央を狙えば、コースの罠には、はまらずにすむ。

「OBを打たない」裏ワザ

頭のいいゴルファー　OBを過剰に意識しない

頭の悪いゴルファー　ティーグラウンドに立ったら、最初にOBを確認する

初めてのコース。ティーグラウンドに立ったとき、最初にあなたの頭をよぎるものは何だろうか。OBの有無？　曲がると入りそうな池？

たしかに、ティーショットには〝打ってはいけない場所〟があり、OBや池はその最たるものだろう。そんなところに打ち込んでしまっては、バーディなど望むべくもなく、下手をするとトリもある。だから、プロゴルファーは、優勝がかかっているような場面では、たとえば〝絶対に右だけは行かない〟という打ち方をする。

ほんとうは右サイドのほうがバーディは取りやすくとも、優勝がかかっている場面ではリスクが多すぎる。そこで、バーディを取る確率が少し低くなっても、安全な左を狙うわけだ。

優勝がかかっているかどうかはともかく、アベレージゴルファーでも、OBや池に打ち込みたくないのは当然。だから、ティーグラウンドに立つと、最初にキャデ

ィに「OBある?」と尋ねるゴルファーが多いのも、よくわかるのである。

ところが、OBや池を気にするゴルファーに限って、最初に確認したOBゾーンや池に打ち込んでしまうのはどうしてなのか?

結論を先にいうと、それは、彼がOBゾーンや池を〝見過ぎた〟からだ。たとえば、池越えのショートホールでティーグラウンドに立ったアベレージゴルファーの視線を見ていると面白いことに気づく。彼の目は、狙うべきグリーンの真ん中より、池に釘付《くぎづ》けになっているのである。

「あの池だけには打つまい」「あの池、イヤだなぁ」

そんな思いが彼の心のなかに何度もわき起こっているのだろう。しかし、こうしたマイナス志向は、彼の脳にストレスを与えているだけ。人間は、自分の行動が失敗に終わることを長く考えてしまうと、そのとおり失敗しやすくなる。彼がアドレスに入ったとき、最後に頭にあったのが「池には入れない」ということであれば、意識が池に向かっている証拠。これでは、池に打ち込んで当然なのである。

OBや池など〝打ってはいけない場所〟があるホールでも、まず意識すべきは、〝打つべき場所〟である。「Aには打たない」というネガティブな意識ではなく、あくまで「Bに打つ」というポジティブな意識を持つことが大切なのだ。

「OBを打たない」隠しワザ

頭のいいゴルファー　打ち出す方向に対して、まっすぐに立つ
頭の悪いゴルファー　曲がりを計算して、斜めに立つ

OBを打たないためには、まずOBを意識しすぎないことが大切。さらに、次のような頭を使った攻め方をすれば完璧だろう。

やや右ドッグレッグのホールで、右サイドがOBというホールがあるとする。あなたの持ち球はスライス（フェード）だと仮定しよう。こんなとき、セオリーといわれるのは、ティーグラウンドの右端にティーアップして、フェアウェイの左サイドを狙うという方法である。このように、フェアウエイを斜めに使えば、ボールが少々スライスしても、右のOBゾーンまでは行かないというわけだ。

たしかに、ボールが右に曲がるとわかっている以上、左を向いて打てば、ボールが右に行く度合いは少なくなる。ところが、実際は、想像以上にボールはスライスして、「そこまでは曲がらない」はずだった右のOBゾーンに飛び込んでしまうことが多いのである。

これは、人間の視覚のいたずらといっていい。まっすぐ伸びるフェアウエイに対して左を向いて構えると、ゴルファーは無意識のうちに「このままではボールが左のラフに行ってしまう」と考え、ふだん以上にボールをスライスさせて（身体を開いて）、フェアウエイの真ん中に運ぼうとしてしまう。ふつうにスイングしても持ち球がスライスという人が、無意識であれスライスを打とうとしてしまうのだから、ボールが想像以上に右に曲がるのも当然というべきか。

逆に、これを警戒しすぎると、逆球、つまりフックが出ることもある。左を向いたうえにフックが出ては、左にOBはなくとも、とんでもないトラブルになることは間違いない。

ホールに対して斜めに構えていいのは、斜めに構えてもふだんどおりのスイングができる、べつな言い方をすれば「斜めに構えても、まっすぐに構えていると感じられる」ゴルファーだけだ。視覚のいたずらに惑わされないためには、打ち出す目標に対して、まっすぐ構えたほうがいい。この場合なら、ティーグラウンドの左側にティアップして、フェアウエイの左サイドを狙うのである。

アドレスしたときに、どうしても違和感がある——そんなときは、もう一度仕切り直しをして、打ち出す方向と球筋を確認することだ。

人間の脳はじつに巧妙にできている。このため、左を向いて打つと、左に行き過ぎてしまうのではないかと脳が判断し、中央に戻そうとするため、必要以上にスライスしてＯＢに。打ち出す方向にまっすぐ構えるのが常道。

「スコアメイク」の正しい方法

頭のいいゴルファー　ボギーは仕方ない、だがダボだけは打たない

頭の悪いゴルファー　なにがなんでもパー狙い

プロの試合では、よく「我慢のゴルフ」という言葉が使われる。我慢のゴルフが強《し》いられるのは、コースの難易度が高い、あるいはその日はパットが入らないなどの理由で、なかなかバーディチャンスがこないときだ。こんな日のプロゴルファーは、とにかくボギーだけは打たないようにして、パーを拾いつづける。

こういう日は、バーディを狙いにいくとあまりロクなことがない。全米オープンや全英オープンを思い浮かべていただければ、ただちに了解されるはず。果敢にバーディを狙いにいって、ボギーやダボを叩く選手のなんと多いことか。

さて、この「我慢のゴルフ」、考えてみればアベレージゴルファーにこそ必要なのではないか。アベレージゴルファーだって、パーは欲しい。でも、毎回パーチャンスなんてこないから、頭のいいゴルファーは「ボギーで我慢する」。なぜなら、彼は「ボギーで我慢しているうちに、パーチャンスがくる」ことを知っているからだ。そ

んなホールをじっと待ちつつ、「ダボだけは叩かない」よう心がけているのだ。

「ボギーは仕方がない。しかし、ダボだけは叩くまい」

じつは「5下《した》」のシングルもそう思ってラウンドしているのだ。そのクラスの腕前では、3ホールに1回くらいはボギーを叩くが、それは「仕方がない」とあきらめる。18ホールでみれば6ボギーである。しかし、そうやって我慢していると、ハーフに1~2回はバーディチャンスがくるもので、その半分をものにしたとすると、2バーディーだ。で、計画どおり、ダボを叩かなければ、4オーバーでラウンドできるというわけである。

いつも100前後のスコアで回っているゴルファーなら、

「ダボは仕方がない。しかし、トリプルだけは叩くまい」

と、各ホール1打プラスすればいい。そうすると、同じ計算でいくと22オーバーで回れることになる。パー72なら、94。

先にも紹介した統計によると、月イチゴルファーの7割5分は100が切れないというが、どうです、これまで100が切れなかった人は、簡単に切れそうな気がしてきませんか?

話を「ボギーは仕方がない。しかし、ダボだけは叩くまい」に戻すと、この作戦はシングルだけでなく、平均スコアが90前後のゴルファーにも有効だろう。少ないパーチャンスを確実にものにして、ダボさえ叩かなければ、「90−《マイナス》パーの数」で回れるのだから。

もちろん、アベレージゴルファーにとって「ダボを叩かない」のは簡単ではない。しかし、あらゆる知恵を使って「ダボだけは叩くまい」と努力すれば、確実にゴルフはうまくなる。そんな執念もゴルフには必要なのである。

3章

●ピンチでも、あわてない

「コースのハザード」

窮地をむしろ楽しむ知恵

悩ましい「風」の読み方

頭のいいゴルファー　あらゆる情報を総合して風を読む
頭の悪いゴルファー　集中力を欠いて、いい加減に打つ

ゴルフコースには、さまざまなハザード（障害）がある。バンカー、ラフ、クリーク、池、フェアウエイに張り出した松の枝など、設計者が意図してつくったハザードもそうだが、ゴルファーにとって、もっとも厳しく、かつ悩ましいハザードといえば〝空中のハザード〟、つまり風だろう。

2008年の全英オープンでは、風速20メートル近くの強風が吹き荒れた。大ベテランのグレッグ・ノーマン（三日目まで首位だったが、惜しくも4位に終わった）が「ターゲットの50ヤードも右を狙ったのは初めてだった」と呆《あき》れたほどの強風だった。

こんな強風下のラウンドでは、世界的なトッププレイヤーたちもパーを取るのがやっとだった。80以上叩いたプロも大勢いた。ゴルファーにとって風が最大のハザードであることをあらためて痛感した人も多かったはずである。

そんなわけで、プロゴルファーは、私たちアマが想像する以上に、風に対して神経を尖《とが》らせる。私たちも、風があるときは、ショットの前にちぎった芝を放り投げて、風向きや強さを確認しようとするけれど、プロは、それだけでなく、顔や肌に当たった風の感触や木の揺れ、雲の動き、池があれば波形など、あらゆる情報を収集→分析して、風を読もうとする。風の強さや向きの判断を間違えれば、狙ったところと前後左右5ヤードくらいの狂いが生じる。72ホールを戦うプロゴルファーにとって、その差はとてつもなく大きい。

たとえば、木の葉の揺れ方。落葉樹の場合、葉の裏は白っぽく見える。つまり、遠くの木が揺れているとき、全体が白っぽく見えるかどうかで風向きが判断できるわけだ。

また、1章で、ラウンドの最初でコース全体の風向きをつかんでおくという話を紹介したが、頭のいいゴルファーは、消化したホールの風向きもちゃんと記憶しているものだ。だから「7番ホールはフォローだったから、反対向きの9番はアゲインストになるはず」のように判断することもできる。

風の判断で悩ましいのは、ボールのある地点とグリーン上の風向きや強さが違うときだろう。谷越えのショートホールなど、途中に風の通り道があったり、グリーンが高い木に囲まれているようなホールでは、こうしたことは往々にしてある。

こんなとき、優先すべきは、グリーン上の風である。なぜなら、ボールというのは、飛び出した瞬間は勢いがあってあまり風に左右されないけれど、放物線の頂点から失速して落下していくときに、もっとも影響を受けるからだ。

風が読め、それなりの打ち方（後述）ができるようになると、ゴルフはますます楽しくなる。風をハザードではなく、ゴルフの面白さを構成する大切な要素と思えるようになれば、ゴルフの腕もグンとあがるはずだ（とはいえ、全英オープンのような風だけは、やはり御免こうむりたいけれど）。

自分のいる場所と、グリーン上の風向きや強さが違うときは、ボールの勢いが弱まるグリーン上の風を優先して考慮する。

「アゲインストの風」さて、どうする?

頭のいいゴルファー ホールによっては大歓迎で気楽に攻める
頭の悪いゴルファー 風に負けまいと強振してミスショット

アゲインストの風（向かい風）とフォローの風（追い風）。どちらがイヤかと尋ねられれば、たいていのゴルファーはアゲインストの風と答えるはずだ。

アゲインストの風では、当然ながらボールは飛ばない。何であれ距離を欲しがるゴルファーは、ボールが飛ばないというだけで、アゲインストの風を嫌うのだ。

しかし、頭のいいゴルファーは、ホールやカップの位置によってはアゲインストの風を歓迎する。たとえば、ピンが手前に切ってあるホールだ。風がアゲていれば、ショートホールのティーショットでも50ヤードのアプローチでも、距離感さえ合えばピンそばにピタリとボールが止まってくれるからだ。

無風状態でドライバーとスプーンをそれぞれナイスショットしてもなかなか2オンしないロングホール、というのも、むしろアゲているときのほうが攻めやすい。こんな場合は、最初から3打目勝負になるが、アゲていれば、その3打目がグリーンに止まりやすいから、気楽に攻めることができる。これがフォローだと、2オンを狙いたくなる。しかし、ファロー風のときにスプーンで打ったボールというのはグリーン上ではなかなか止まらないもので、〝打ってはいけないグリーン奥のラフやOB〟に捕まる心配もある。

というわけで、なにも「風がアゲている」というだけで、憂鬱《ゆううつ》な気分になることはないのだ。

アゲを嫌うゴルファーは、おそらく風に負けまいと強振してしまうのだろう。しかし、それではボールが吹け上がって、ますます飛ばなくなる。いや、それ以前に、スイングのバランスを崩して、あらゆるミスショットをやらかしてしまう。

アゲのときは、絶対に強振しないこと。クラブの番手《ばんて》を上げて、スピンがかからないようソフトに、なおかつフィニッシュを低く抑えるようにする。

反対に、フォローのときは、グリップをソフトに握って、力まずスイングすること。フォローのときは距離が出るからロフトの大きいクラブを使うことになるが、その分だけボールは高くあがるから、自然に風に乗せてやればいい。ただし、グリーンではボールが止まらないことを想定。カップがどこに切ってあっても、目標は*フロントエッジに合わせることだ。

＊フロントエッジ＝グリーンの手前、花道とグリーンの境目。

「ラフ」に強い人、弱い人

頭のいいゴルファー　そのラフの深さから、ボールの飛び方がある程度、予測できる

頭の悪いゴルファー　強引に次を狙って、傷口を広げる

トーナメントで優勝争いをしているプロゴルファーが「今日の目標は？」と聞かれて、「とにかくフェアウエイキープすることです」と答えることがある。

逆にいえば、「ラフに入れない」ということになるわけだが、なぜ、プロゴルファーは、そんなにラフに入れることをイヤがるのか？

理由は単純。ラフからのショットは、ボールの飛び方が予測しづらく、グリーンをとらえる確率がフェアウエイからのショットと比べて半減するからだ。ラフの伸びたコースがどれほどむずかしいかは、全米オープンや日本オープンなど〝世界一〟〝日本一〟を決める試合の優勝スコアが、たいていイーブンくらいであることからもよくわかる。

もちろん、ボールがすっぽり埋まってしまうようなラフなら、ロフトのあるウェッジで〝出すだけ〟になるから、ボールの飛び方はある程度、予測できる。しかし、

この場合は1打ペナルティーも同じ。これは十分にラフをイヤがる理由になる。また、深いラフで強振すると、芝の抵抗でフェイスが返り、ボールが強烈にフックしてしまうこともある。

しかし、浅いラフなら安心というわけではない。今度は、クラブのフェイスとボールのあいだに芝がはさまり、ボールが飛びすぎたり、スピンがかからずグリーンで止まりにくくなる。つまり、ボールをコントロールすることができなくなるわけで、これもプロがラフを嫌う理由なのだ。

ラフからのショットが飛びすぎる現象は「フライヤー」と呼ばれる。原因は、ボールにバックスピンがかからないからだが（だから、グリーン上でよく転がりもする）、これはどんなゴルファーにも起こる現象ではない。フライヤーが起こりやすいのは、ヘッドスピードが速く、ターフを取るタイプ、つまりダウンブローで打つタイプのゴルファーだ。こういうゴルファーは、クラブのフェイスとボールの間に一本でも芝が挟まってしまうと、フライヤーになってしまう。

逆に、ヘッドスピードが速くなく、ボールだけをきれいにヒットするタイプはフライヤーが起こりにくい（ただし、ラフに負けて、ボールが飛ばないということも十分に起こりうる）。

また、ラフの密度でも、ボールの飛び方は違ってくる。洋芝のラフのように目の詰まったラフは、ヘッドスピードの速いゴルファーでも、フライヤーするどころか、ドロップして距離が出ないことがある。

いずれにせよ、頭のいいゴルファーは、自分の技量とラフの深さを計算して、ある程度、どんなボールが出やすいのか予測できるものだ。その結果、無理にグリーンを狙わず、「とにかく花道まで行けばよし」といった作戦を立てることが多い。

ラフからでも強引にグリーンを狙うゴルファーは、無謀というより、自分の技量とラフからのボールの飛び方の関係を知らないだけなのである。

ラフでボールが浮いているときも気を抜かない。ボールの下をクラブが通過する「ダルマ落とし」になる。

「ラフからのショット」の賢い知恵

頭のいいゴルファー　ボールのライに合わせて「本気の素振り」をする

頭の悪いゴルファー　「形だけの素振り」をしてミスショット

ラフからのショットは、そのラフが順目か逆目かでも大きく結果が違ってくる。

順目のラフは、風がフォローのときとよく似ている。順目のラフは芝の抵抗が少ないので、クラブが振り切れることが多い。つまり、距離が出て、ボールは曲がりにくいが、スピンがかからないからボールは止まりにくくなる。

一方、逆目のラフは、アゲインストの風とよく似ている。クラブヘッドが草の抵抗に負けてボールは飛ばず、しかもインパクトのときにフェイスが返ってフックしやすくなるからだ。

順目でも逆目でも、ラフからショットするときは、かならずボールのあるライに合わせて素振りをすることだ。たとえば、ボールが3センチ沈んでいるのなら、その3センチ沈んだボールを打つつもりで、〝本気の素振り〟をしてみるのである（もちろん、ボールが動かないよう、ある程度離れたところでやるべき）。

ポイントは〝本気〟というところにある。ドライバーショットのときのようなスイング軌道を確認するための軽い素振りでは意味がない。〝本気の素振り〟をする意味は、芝の抵抗がどれだけあるかを知ることにある。そうすると、芝の抵抗が強ければ強いほど、ロフトのあるクラブを使って、芝を刈り取るようなイメージでスイングしなければならなくなることがわかるはずだ。

また、本気の素振りをすれば、グリップの強度を調節することもできる。ふつうラフからのショットは、ヘッドが返らないよう、通常のショットよりクラブを強めに握るべきだが、必要以上にガチガチに握っては、今度はヘッドが走らなくなる。そのあたりの加減をどう調節するかは、本気の素振りをしてみないことには絶対にわからない。

こうして初めて、使うクラブが決まる。そして、どの程度ボールが飛ぶかを予測して、本気の素振りのときと同じようにボールを打つ。もちろん、予測と実際の結果は違うかもしれない。しかし、何であれその結果はひとつの貴重なデータになる。ゴルフがうまい人というのは、こうしたデータをたくさん持っていて、いつでも必要なデータがすぐ引き出せる人でもある。ラフからのショットだけでなく、すべてのリカバリーショットは、すべてこうしたデータがものをいうのだから。

「フェアウエイバンカー」での正しい打ち方

頭のいいゴルファー　同じミスなら、ダフリよりトップがいいと考える

頭の悪いゴルファー　ボールを上げようとしてダフリ、ボールはまだバンカー内

フェアウエイバンカーからのショットで絶対に避けたいもの。それは、ダフること、バンカーのアゴにボールを当ててしまうことのふたつだ。ダフってしまっては、距離が出ないばかりか、最悪の場合、ボールはまだバンカーのなか、ということもありうる。

にもかかわらず、アベレージゴルファーの多くは、このふたつのミスをやってしまうことが多い。

理由は、ふたつある。

ひとつは、ボールを無理やり上げようとして、右肩が下がり、ボールの手前を打ってしまうこと。

フェアウエイバンカーからのショットで、ボールを無理やり上げようとするのはバンカーのアゴが気になるからだろう。フェアウエイバンカーで使うクラブは、ア

ゴの高さとアゴまでの距離によって決まってくる。これもまたラフからのショットと同様、経験則が大きくモノをいうのだけれど、それを知るためにはこんな方法もある。

クラブのフェイスを99ページのイラストのように地面にぴったりとつけ、足で踏む。そのときのシャフトの角度がボールの飛び出す角度と同じなのだ。当然、ロフトのあるクラブほど、シャフトは立つ。つまり、飛び出す角度が大きくなることがわかるはずだ(もちろん、これはバンカー内でやるとペナルティが科せられるのでバンカーの外でやること。バンカーのアゴだけでなく、高い木を越えるショットを打たなければならないようなときにもこの方法は有効)。

こんなことも頭に入れつつ、アゴを越え、なおかつ狙った距離が出そうなクラブを選択する。ふつうは砂の抵抗を考えて番手をひとつ上げるが、これはあくまでアゴを越すという条件つきだ。

こうしてクラブが決まったら、打ち方はふつうのショットと同じなのだと思えばいい。アゴは越えるはずのクラブを選んだのだから、とくにボールを上げようとする必要はない。意識としては、ボールの赤道付近に当てるつもりで。アゴまで距離があれば、トップさせるくらいのつもりでいい。実際にトップしたとしても、ダフリよりずっと結果はいいはずだ。

ところが、このとき、アベレージゴルファーは、またもやる必要のないことをやってしまう。スパイクを深く埋めて、足場を固めようとするのだ。その結果、わざわざつま先上がりというむずかしいライにしてしまっているのである。これがフェアウエイバンカーでミスしやすいふたつめの理由だ。

たしかに砂質がやわらかく、ある程度スパイクを埋めないと足場がフラつくような場合は、それもやむをえない。しかし、そうであれば、クラブを短く握る、通常よりボールから離れるなど、セットアップの構えもつま先上がりのライに対応したものでなければならない。ところが、構えはいつものとおりで、スパイクだけ深く埋めてしまっては、ボールの手前を叩くなどのミスが出て当然なのだ。

いずれにせよ、フェアウエイバンカーからミスショットしてしまう根本の原因は、それが特殊なショットだと思いすぎるからだ。たしかにボールはバンカーというハザードのなかにあるのだから、ナイスショットは生まれにくい。

しかし、それならそれで花道まで行けば十分——そんな気持ちでいつもどおりのスイングをすれば、大きなミスにはならないはずである。

上のイラストのようにクラブのフェイスと地面を同一ラインにしたときのシャフトの角度は、おおむねボールの飛び出す角度と同じ。これを参考にクラブを選択する。打ち方は、とくに上げようとせず、ふつうのショットと同じように。

「ガードバンカー」での正しい打ち方

頭のいいゴルファー 砂質によってフェイスの角度を変える

頭の悪いゴルファー いつもフェイスはオープンにして打つ

同じバンカーショットでも、グリーンまわりにあるガードバンカーはフェアウエイバンカーより、神経を使うものだ。なぜなら、打ち出したときのボールの高さ（アゴを越える高さ）とピンまでの距離、さらにスピン量とランの距離まで計算に入れなければならないからだ。まあ、スピン量まで計算できるのは、プロや上級者しかいないから、ここではそんな高望みはしないことにしよう。

バンカーから脱出できて、ある程度、カップに寄る。そのためには、バンカーに入ったら、まずはボールのライを確認することだ。ボールはどれくらい砂に埋まっているのか？　アゴまでの距離と必要な高さは？　そしてバンカーの砂質は？

このなかで、おろそかにされがちなのが、砂質の確認である。ふつう、砂の粒子が細かく、フワフワしているバンカーほど、ヘッドは深く砂に潜る。そのため、エクスプロージョン・ショット（直接ボールを打たず、砂の爆発でボールを運ぶショット）

をするためには、フェイスを開いて、サンドウェッジのバウンス(厚いソールの部分)を強調する構えをとる。

反対に、粒が粗い、砂質が重い、砂が少ない、雨などのせいで砂がしまっているという場合は、バウンスが弾かれることが多いため、フェイスはスクエアか閉じ気味にして、ヘッドがちゃんと砂に潜るようにする。

バンカーの砂質や砂の量は、目で見ただけではわからないことがある。重要なのは、砂を踏みしめたときの感触で、すなわち〝足の裏の目〟で砂質や砂の量を見極めることにある。打ってみたら、思ったほど砂がなく、砂のすぐ下にあった硬い土にクラブがはね返されてしまうことがよくあるが、バンカーでしっかり足場を固めていれば、砂の量がわかるはずで、それなりの対応策が取れるものなのだ。

バンカーショットの基本的な打ち方は、クラブフェイスを開き、姿勢を低くしてオープンに構える。膝を曲げて姿勢を低くすると、それだけクラブヘッドがボールの下に入りやすくなる。そして、左体重にして、ボールの手前5センチのあたりを*カットに入れる(オープンに構えているから、スタンスに沿ってスイングすれば自然にカットに入る)。重要なのは、アドレスでインパクトの形をつくってしまうこと。あとは、勇気をもって、クラブを最後まで振り切ればいい。

*カットに入れる＝アウトサイドインの軌道で打つこと。

足の裏で砂質や砂の量を確認する。フワフワしているときはヘッドが深く砂に入るのでフェイスを開き、砂がしまっているときは閉じ気味にする。いずれにせよ、アドレスでインパクトの形をつくり、クラブを振り切ることが大切。

「バンカーショットの距離感」のつかみ方

頭のいいゴルファー 思いきって、ピンまでの距離を打つ
頭の悪いゴルファー こわごわスイングして、いつもショート

アベレージゴルファーのバンカーショットは、8割方ショートする。オーバーするのは、落下地点が下り斜面か、直接ボールをヒットしてしまった〝ホームラン〟のときくらいのもので、まさに〝出ただけ〟に終わることが圧倒的に多い。

なぜ、アベレージゴルファーのバンカーショートは〝出ただけ〟に終わるのか？理由は、砂を取りすぎることと、最後まで振り切っていないこと。

前者の場合は、クラブを入れるポイントがボールの後ろすぎることに原因があるが、後者の場合は、心理的なものが大きい。ガードバンカーからのショットといえば、ピンまで10〜20ヤードというケースが多い。つまり、アベレージゴルファーは、そんな短い距離なのにクラブを振り切ることが怖いのである。

いちばんよく見かけるミスが、クラブを勢いよく砂にドンと入れて、それで終わりという打ち方だ。しかし、こんな打ち方では、砂ごとボールを運ぶことはできな

い。バンカーショットは、ボールの下にある砂をスリッパくらいの大きさに浅く削り取るイメージで、とよくいわれるが、クラブを振り抜かないことには、スリッパ大の砂を削り取ることはできない。

もちろん、スイングの大きさは、通常のアプローチより2～3倍大きくなる。しかし、砂の抵抗があるし、クラブフェイスを開いているのだから、絶対に50ヤードも飛んでしまうことはない。

バンカーショットの距離は、ふつうフェイスの開き具合とスイングの大きさで調節するが、これは経験則がものをいう。だから、最初のうちは、思い切ってピンまでの距離を打ってみることだ。クラブの入る場所も入射角もドンピシャリなら、うまくスピンがかかって、ボールはピンの近くにキャリーしてピタリと止まるはずだ。仮に砂をとりすぎても、最後までクラブを振り切っていれば、スピンのかかっていないボールは転がってそこそこピンに寄っていくはずである。

アニカ・ソレンスタムは、前出の本のなかで、こういっている。

「私がバンカーショットのとき、ひとつだけスウィングのことを考えるとしたら、『肩を回しきる』ということでしょう」

「肩を回しきる」とは、「最後まで振り切る」と同義であることはいうまでもない。

「バンカー目玉」の上手な打ち方

頭のいいゴルファー　フェイスを閉じ、ボールのすぐ後ろに鋭角にクラブを入れる

頭の悪いゴルファー　フェイスを開いて、力まかせにスイングする

アゲインストの風のなかでグリーンを狙ったが、ボールが吹き上がり、グリーン手前のバンカーに落ちる。あるいは、バンカー越えのアプローチで、フワリと上げるロブショットに挑戦したが、ショートしてバンカーへ。こんなとき、ゴルファーはイヤな予感がする。そう、バンカーの真上からボールが落下した以上、〝目玉〟になっている可能性が高いからだ。

〝目玉〟には2種類あって、ひとつはボールが半分以上砂に埋まって、周囲の砂が少し盛り上がっている状態のもの。

もうひとつは、ボールはそれほど埋まっていないが、周囲の砂がクレーターのように大きく盛り上がっている状態のものだ。

前者は砂が硬く、量が少なめのときに多く、後者は砂がやわらかく、量が多いときに多い。

いずれにせよ、目玉のバンカーショットはゴルファーにとってやっかいなショットのひとつ。ふつうは〝バンカーから出せればOK〟〝寄れば万々歳〟ということになる。

ここは、純粋に打ち方のテクニックについて紹介しておこう。

バンカーショットは、サンドウェッジのフェイスを開くのが基本だが、前者のような目玉の場合は、フェイスを開かないこと。スクエアか閉じ気味でないと、クラブがボールの下の砂に入っていかないのだ。ボールの位置は、ふつうのバンカーショットより内側（スタンスの真ん中くらい）に置き、ボールの1〜2センチ手前に鋭角的に（上から）クラブを入れる。リーディングエッジをドンと叩き込んで、サッと引き戻すくらいのつもりでスイングすると、シャフトがムチのようにしなって、砂のなかからボールを救出してやることができる。

後者のようなやわらかい砂にできた目玉の場合は、フェイスは開く。打ち方は、前者のときと同じだ。いずれの場合も、ボールは上がりにくく、スピンはかからないから、ランを計算しておこう。

とはいえ、目玉のバンカーショットは経験がものをいう。バンカーの練習場があれば、かならずやっておくことである。

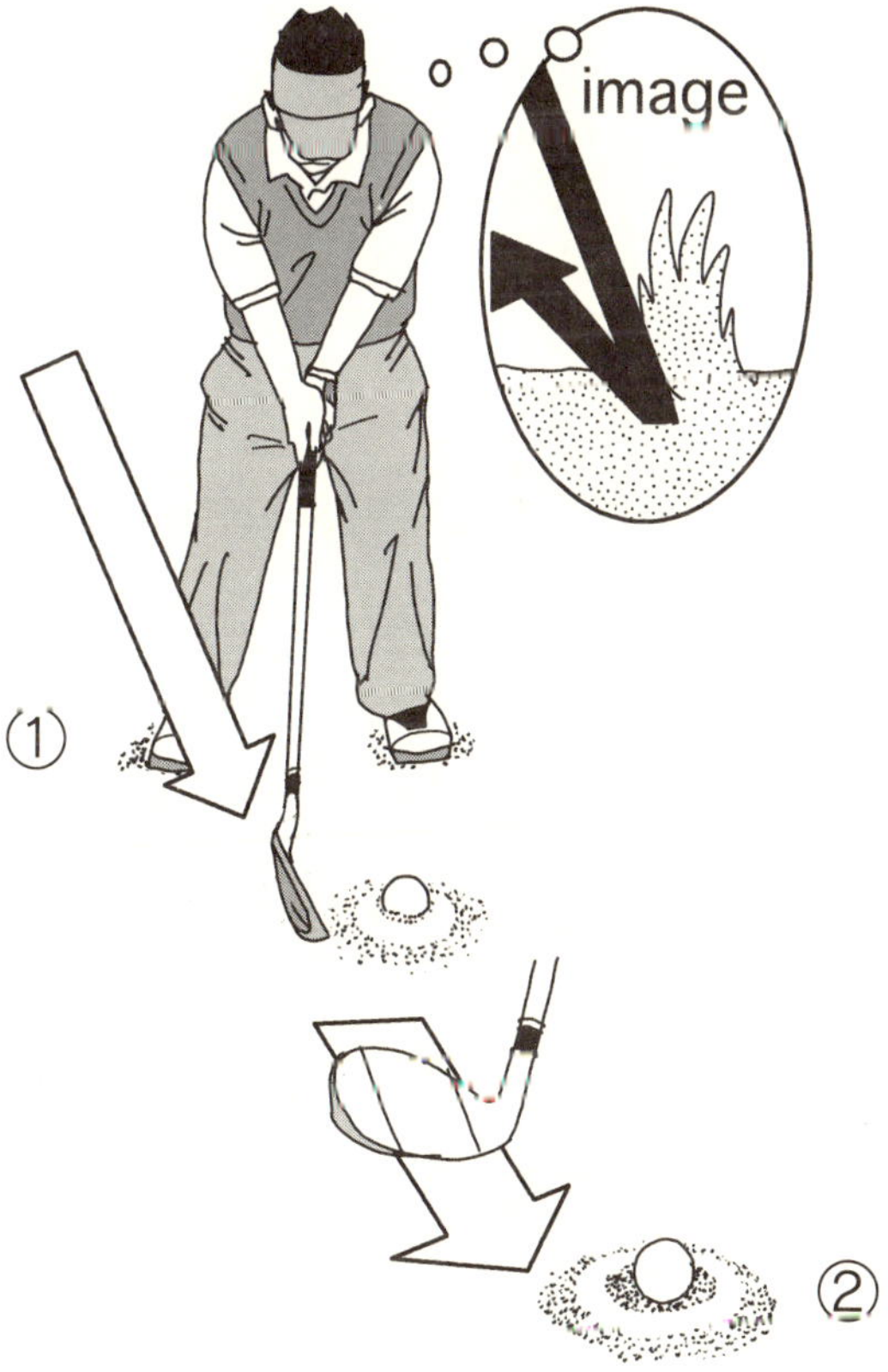

①ボールが半分以上砂に埋まり、周囲の砂が少し盛り上がっている場合
→フェイスはスクエアか閉じ気味で、鋭角的にクラブを入れてあげる。
②ボールは深く埋まっていないが、周囲が大きく盛り上がっている場合
→フェイスは開くが、エッジをドンと叩き込み、サッと引き戻す感じ。

「ティーグラウンド」には罠がいっぱい

頭のいいゴルファー　打つべき方向を確認し、その方向に打ち出す
頭の悪いゴルファー　ティーグラウンドの傾斜、向きに合わせてしまう

風、ラフ、バンカーという代表的なハザードへの対応策について述べてきたが、この章の最後に、アベレージゴルファーがついついだまされてしまうコースの罠について述べておこう。

その罠は、意外なところに仕掛けられている。ティーグラウンドだ。ティーグラウンドといえば、平らで芝はきれいに刈り込んであり、ゴルファーにとっては練習所と同じ条件でスイングできる場所——そんなふうに思っている人が多いはずだ。

しかし、よく観察してみると、ティーグラウンドは平らとは限らない。とくにティーマークがティーグラウンドの端にあるような場合は要注意。右端なら、つま先下がり、左端ならつま先上がりになっていることが多いはずである。それがあらかじめわかっていれば、ティーショットのボールがどちらに曲がりやすいかが予想で

きるし、ライのせいでボールが曲がるのがイヤなら、できるだけ平らな場所を探して、そこにティーアップすればいい。

次は、芝の刈り高だ。芝が短く刈ってあるときはふだんどおりの高さにボールをティーアップすることができるが、芝が少し伸びていると、ついついティーアップを高くしてしまいがち。その結果、ボールはテンプラになったり、フックが出やすくなったりする。芝が少々伸びていても、足場が高くなるわけではない。つまり、クラブヘッドが通過する高さは変わらないのだ。

最後は、ティーグラウンドの向きだ。ティーグラウンドは、一見するとフェアウエイのど真ん中に向かってつくられているように見えるが、そうとも限らない。仮に、そうつくられていても、ティーマークを結んだラインが、狙うべき飛球線と直角にクロスするとは限らない。

ところが、アベレージゴルファーのなかには、ティーグラウンドの向きやティーマークを結んだラインに対して、あまりにも素直にスタンスを取ってしまう人が多い。ボールをティーアップするとき、〝出ベソ〟にならないよう、誰でもティーマークを結んだ線を確認するものだが、アドレスに入るときも、その線のイメージが残っていると、ついついその線に対して直角に立ってしまうのである。

こうした錯覚に陥らないためには、ボールをティーアップしたら、ティーマークを結んだ線やティーグラウンドの向きなどは、一切忘れることだ。ボールの後ろから打つべき方向を確認したら、その方向に打ち出すことだけに集中してアドレスに入ろう。

何か違和感があるときは、たいてい〝風景の罠〟にはまっている。そんなときはアドレスをほどいて、再度打ち出す方向を確認してもいい。その方向が間違いがないことを確認したら、あとはボールがイメージどおりの軌道を描くことを信じて、スイングするだけである。

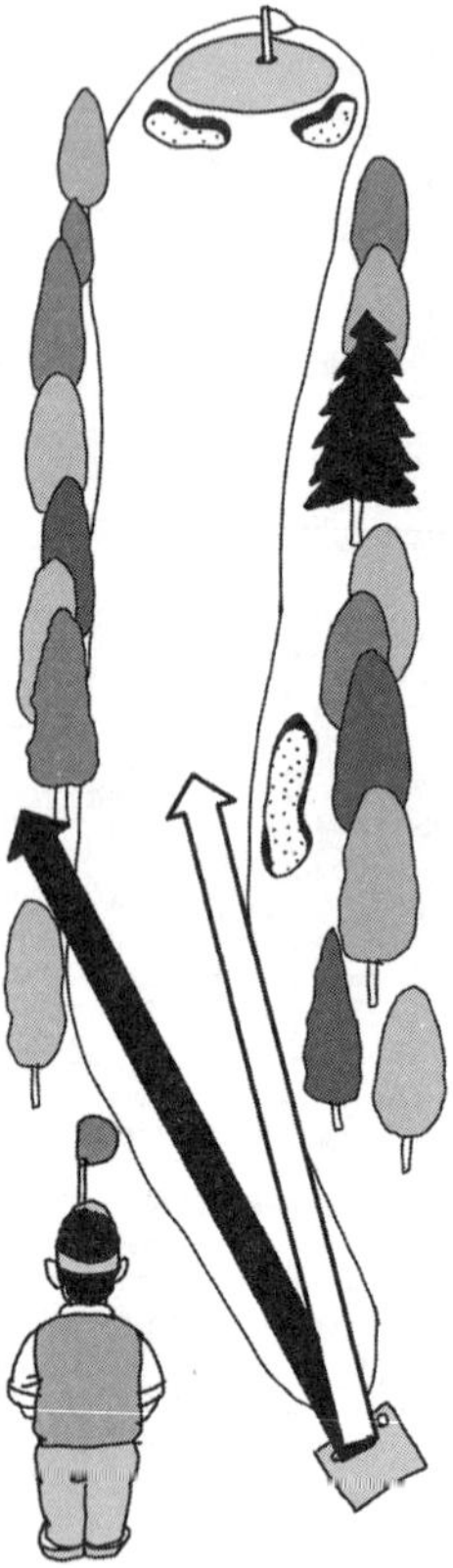

ティーグランドの向きを目安に立つのは誤り。目標を決め、その方向に打ち出すこと。

4章

●どんどん自信がわく

「アプローチとパット」

ピタッときめる秘策

うまくいく「アプローチ」の基本

頭のいいゴルファー　打ち方を変えずにクラブを変えてピッチエンドラン
頭の悪いゴルファー　いつもＳＷで、打ち方を変える

ＰＧＡツアーで活躍するプロゴルファーには、タイガー・ウッズや今田竜二をはじめ、１本のウェッジだけでさまざまなアプローチショットを見せてくれるゴルファーが多い。

彼らの武器は、たいてい58〜60度のロブウェッジ*。このロフトの大きいクラブを、ときにはフェイスをさらに開いてボールが真上にあがるようなロブショットを放ったり、ときにはフェイスを閉じて7番アイアンで転がすようなボールを打ったりする。ボールの高さもスピンの量も、まさに自由自在。

まあ、名人芸というか、職人技というか。見ていて惚れ惚れしてしまうのだが、彼らは何もギャラリーのウケを狙って、１本のクラブでさまざまなアプローチショットを打っているのではない。彼らは１本のクラブをほとんど自分の手といえるまで徹底的に練習している。そこまでやれば、たしかにそのクラブを持ったとたん、

＊ロブウェッジ＝ロフトが60度前後あるウェッジ。通常はボールを高く上げて止めるアプローチに使う。

さまざまなアプローチのイメージが湧いてくるはずで、そうしたイメージは、たぶんほかのクラブでは出せないのだ。それくらい、彼らは得意なクラブを信頼しているし、その背景には信頼に足るだけの練習量があるのである。

　では、私たちアマチュアの場合はどうかといえば、プロのように一本のクラブが自分の手とまでいえるほど練習を積んでいる人は稀だろう。

　それでも、アマチュアゴルファーのなかには、グリーンまわりからのアプローチというと、何でもサンドウェッジ（SW）を使いたがる人が多い。そして、「ボールを上げたいときは、ボールを左寄りに置いて、右体重で」とか、「ボールを転がしたいときは、ボールを右寄りに置いて、パッティングの要領で」とか、レッスン書をひもといたり、教え魔のアドバイスにうなずきながら、あれやこれやをやっているわりである。

　それらの努力は、もちろん無駄ではないし、ほんとうにゴルフがうまくなろうと思えば、避けて通れない道だろう。

　しかし、もしあなたが「そこまでの練習時間はない。けれど、本番ではチャックリ*やトップなどの大ミスはしないで、3回に1回くらいは寄せワンのパーを取りたい」と思っているとすれば、そういうあれやこれやに手を出すべきではない。グリ

*チャックリ＝「ザックリ」の俗称。アプローチでボールの手前を打ち、ショートすること。

ーンまわりからのアプローチの打ち方はピッチエンドランひとつに絞って、あとは距離に応じてクラブを換えるだけというやり方に徹したほうが絶対にスコアがまとまるのだ。

ピッチエンドランの打ち方のポイントだけ説明しておこう。

①スタンスはややオープン、肩はスクエアにして、両足をそろえる。
②ボールは右足の前。
③ハンドファーストに構える（インパクトの形になっているはず）。
④左足に体重を乗せ、左足を軸にして、身体を回転させて打つ。

大切なのは、絶対に手打ちにならないこと。肩と両腕でできる三角形と手首の角度を最初から最後までキープして、あくまで身体の回転で打つことである。

あとは、この打ち方で、ウェッジとショートアイアンのキャリーとランの比率を確認すればいい。すると、たとえば、

・SW→キャリー2：ラン1
・PW→キャリー1：ラン1
・7番→キャリー1：ラン2

などの〝法則〟がわかってくるはずだ。クラブ別のキャリーとランの法則集が完

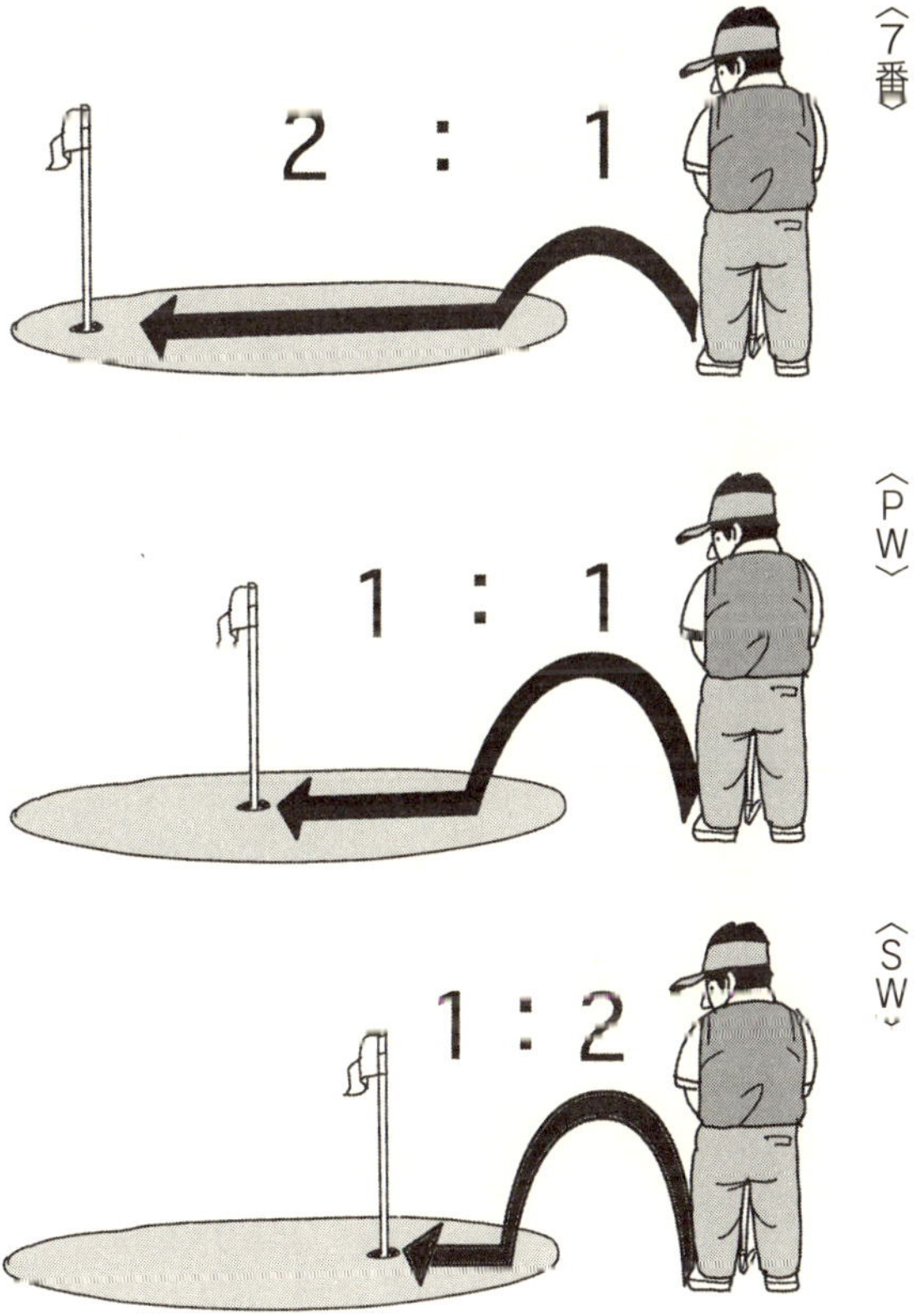

アプローチはピッチエンドランに絞っていい。距離に応じてクラブを選択する。その際、キャリーとランの比率を知っておく。

成すれば、あとは実際のラウンドで、アプローチで使うべきクラブが見えてくる。

たとえば、ボールからグリーンエッジまで5ヤード、エッジからカップまで7ヤードという12ヤードのアプローチなら、

・SW→キャリー8ヤード：ラン4ヤード
・PW→キャリー6ヤード：ラン6ヤード
・7番→キャリー4ヤード：ラン8ヤード

の3つの攻め方があることがわかる。あとは、このなかからもっともミスの確率が小さい方法を選べばいい。

この場合、最初に除外されるのは、7番アイアンを使う方法。これは、落下地点がグリーンの外になるので、転がり方が予測できない。

SWかPWかは微妙なところだが、PWは落としどころがエッジの1ヤード先になるから、SWより狙いやすそうだ。

もちろん、ボールのライやグリーンの傾斜など、グリーン周りのアプローチには考慮しなければならない要素は少なくないが、バンカー越えなどの特殊なケースを除けば、ほとんどのアプローチは「打ち方は変えずにクラブを換える」ことでうまくいくのである。

「アプローチ」のミスをなくすには？

頭のいいゴルファー　「本気の素振り」で振り幅とフィニッシュを確認
頭の悪いゴルファー　「いい加減な素振り」でザックリ

ゴルフのショットは、ドライバーからパッティングまで、クラブは加速しながらインパクトを迎えなければならない（というか、クラブヘッドは高いところから地面に降りてくるわけだから、物理的にいって加速して当然なのである）。

ところが、50ヤード以内のアプローチになると、インパクト直前にクラブのヘッドスピードを無理やり減速させて、ザックリというゴルファーが少なくない。いわゆる〝インパクトが緩《ゆる》む〟という現象である。

50ヤード以内のアプローチでは、フルショットということはまずない。SWならSWを、振り幅をコントロールすることで距離を調節するわけだが、いざ本番ではクラブを振り上げた瞬間、「あ、これでは大きい」と思ってしまうことがある。

そうなると、そのゴルファーはインパクトの力加減で距離を調節するしかなくなり、その結果、無理やりヘッドスピードを減速させ、ザックリということになってしまうわけだ。

なぜ、クラブを振り上げた瞬間、「あ、これでは大きい」と思ってしまったのか？

理由は、素振りがいい加減だったからである。

アプローチショットとは、基本的にすべてコントロールショットだ。そうであるなら、実際のショットの前に、「これくらいの振り幅で」ということは、しっかり頭に入れておく必要がある。そして、そのためには〝真剣な素振り〟が絶対に必要なのだ。

ところが、アプローチでザックリをくり返すゴルファーは、打つ直前に素振りをしても、それは緊張をほぐすためだけの素振りで、本番のリハーサルにまったくなっていないことが多い。そのため、いざ本番では、力んで振り上げすぎ、「あ、これでは大きい」ということにやっと気づく。そして、ダウンで緩む、ということになるのである。

ラフのときもそうだが、微妙な力加減や振り幅が必要とされるショットは、〝真剣な素振り〟が不可欠。素振りで自分がイメージしたトップとフィニッシュの高さ（トップと同じ高さ）を確認したら、あとはそれで寄ることを信じて、しっかりフィニッシュまで振り切ることだ。

アプローチの「ヘッドアップ」の誤解

頭のいいゴルファー　インパクト後は、目でボールを追う
頭の悪いゴルファー　インパクト後も、しっかり頭を残す

昔から〝スイングの鉄則〟といわれるものに、

「頭上げるな」

というのがある。

ヘッドアップしないための戒《いまし》めである。たしかに、インパクトの前に頭を上げてしまうと、それにつられて上体が起き上がり、トップやスライスなどのミスがでやすくなる。

だからだろう、アプローチでも、この戒めを金科玉条《きんかぎょくじょう》のように守っているゴルファーが少なくない。アプローチの場合は、フルショットではないから、インパクト後も頭を下に向けたままにしておきやすい。そんなことも、彼らが頭を残しつづける理由といえる。

しかし、結論からいうと、アプローチでは頭を残しすぎてはダメ。たしかに頭を

残して上体が起きないようにすれば、トップなどのミスは防止できるかもしれない。が、その反面、身体が回りにくくなって手打ちになりやすい。身体の回転を使っていないから、ザックリも多くなる。さらに、ボールの行方を見ないというのでは、アプローチの距離感がいつまでたっても脳にインプットされない。そのマイナスが何より大きい。

アプローチでは、インパクトのあとは、身体の回転とともに顔も飛球線方向を向くのが自然だ。そうすれば、ボールの高さや距離をはっきりととらえることができる。

「この振り幅なら、ボールはこのくらいの高さになり、これくらい飛んでこれくらい転がる」——アプローチでは、そういうイメージをできるだけたくさん脳にインプットしておく必要がある。そのためには、ボールの行方をしっかり見とどけなければならないのである。

このことは、じつはパッティングにもいえる。たしかにタイガー・ウッズをはじめ一流のプロゴルファーは、パッティングのインパクトからしばらくは頭が微動だにしない。しかし、頭は微動だにしていなくとも、目はちゃんとボールを追っている。そうやってボールの転がりを自分の目で確認しないことには、イメージどおりに打てたかどうかがわからない。それでは、いつまでたってもパッティングのタッチや距離感は出ないのだ。

アプローチでも、プロゴルファーはみなインパクトのあと、身体の回転とともに顔を上げ、フィニッシュの形をキープしたままボールの行方を見守っている。ピタリと寄ったときは、じつにカッコいい。ゴルフでは、すべてのナイスショットはカッコよく見えるようになっているのだ！

ただし、インパクトの瞬間に膝《ひざ》が伸びたり、上体が起き上がったりしてはダメ。カッコもひじょうに悪いものです。

上図のようにインパクト後、体の回転とともに顔が上がるのが自然の形。上体が起きたり、頭が残って手打ちになるのは不自然。

アプローチは「グリーンのどこ」を狙う?

頭のいいゴルファー　ラインは浅めに読む
頭の悪いゴルファー　パッティングと同じラインを想定する

アプローチの基本に、「上りのラインが残るような場所に寄せる」というものがある。カップまでずっと上りなら、カップの手前にボールを止める。カップの右側が低ければ、その低いほうにボールを止める。そうすれば、次のパッティングのときに楽な上りのラインが残るというわけである。

それはそのとおりなのだが、このとき、頭の悪いゴルファーは大きな勘違いをしやすい。

たとえば、次ページの図のような右に傾斜しているグリーンがあり、カップはその途中に切ってあるとする。グリーンエッジからカップまでは8ヤード。仮にグリーンエッジのすぐ内側にボールがあって、パターで寄せるとすれば、カップの1メートル左を狙わなければならないようなスライスラインだ。

いま、ボールはエッジから2メートル外にある。カップまでは10ヤードである。

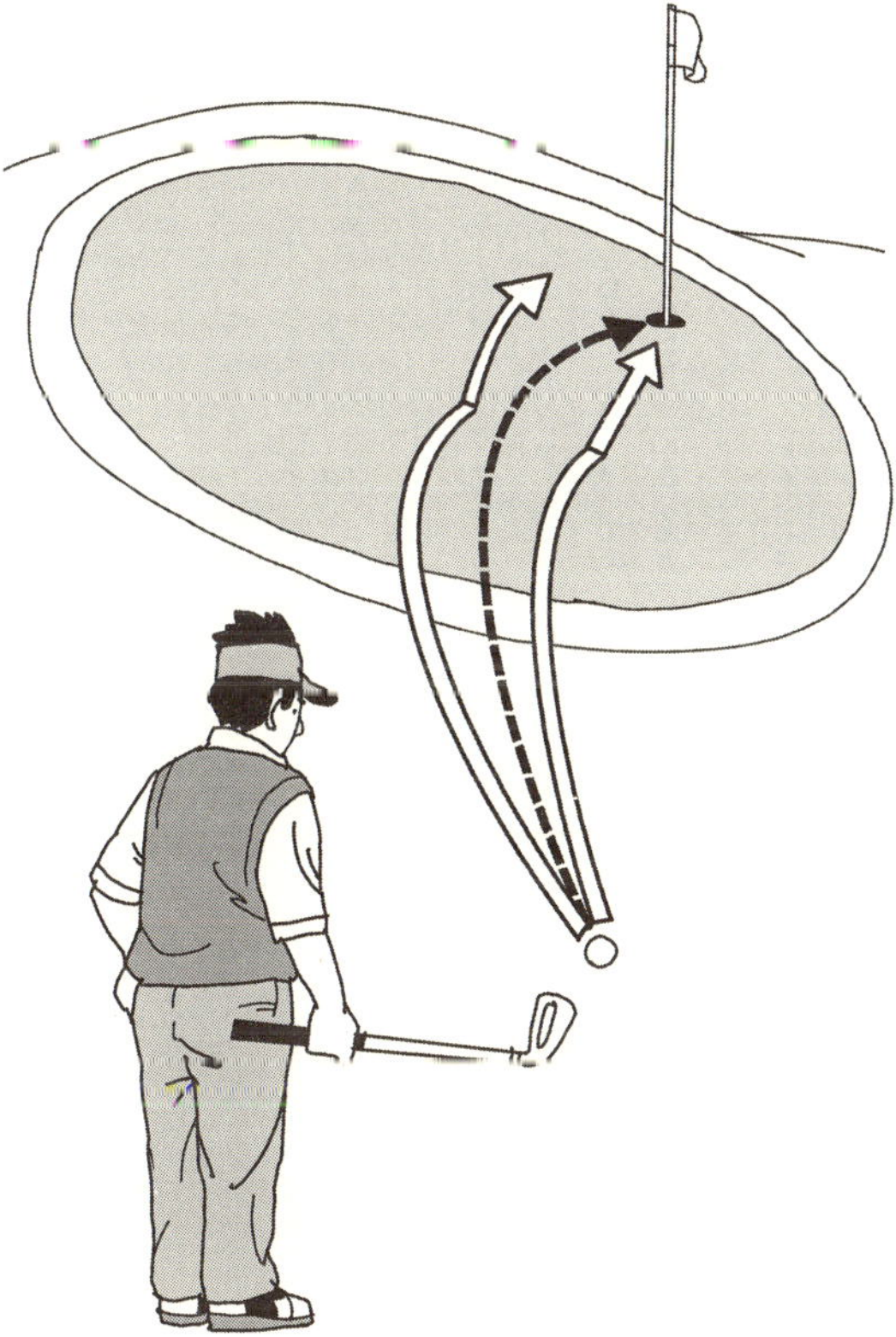

上図の点線はパターで寄せるときのライン。アプローチショットで寄せる場合、左側の矢印のように、パターで寄せるときと同じようなラインを想定し、そのライン上にボールを落としても、ボールはスライスしない。この場合は、右側の矢印のように、ラインを浅めに読むのが正解。

使用するクラブはSW。ちょっとスピンを効かせて、キャリー7、ラン3のイメージで寄せようとする場合、さて、あなたはボールの落下地点をどこに設定するだろうか。

ここで、多くのゴルファーは、ついパッティングと同じようなラインを想定して、そのライン上にボールの落下地点を設定してしまう。この場合なら、カップの左1メートルの方向を狙って、7ヤード、キャリーさせようとするのだ。結果は、思ったほどボールはスライスせず、カップの左、つまり下りのラインが残る地点に止まってしまう。

これは、そのゴルファーが「キャリー7：ラン3のアプローチショット」では、キャリーの7ヤード分は、グリーンの傾斜の影響をまったく受けないということを忘れてしまったからだ。カップの左手前3ヤードに落下したボールは、この場合、スピンがかかっていることもあって、パターのようにはスライスしないのである。

というわけで、アプローチでは、ボールの滞空時間が長ければ長いときほど、パッティングのときよりラインは浅めに読むのが基本。

この場合なら、ピンの左30センチくらいの方向を狙えば、うまくすればカップイン。悪くても上りのラインが残ったはずである。

「ワンクッション入れる」アプローチ術

頭のいいゴルファー　ボールの着地点の硬さを確認してよく

頭の悪いゴルファー　何も考えずに打ってしまう

ボールは砲台グリーンの手前5ヤード付近の低いところにあり、グリーンまで1・5メートルほど打ち上げになっている。ところが、グリーンは下り傾斜で、カップはエッジから7〜8ヤードのところに切ってある。

こうしたケースでは、グリーンに直接ボールを落としては、ボールはどんどん転がって、カップを大きくオーバーしてしまうのは必至。こんなとき、プロがとるのは、グリーン手前の斜面にワンクッションさせるアプローチだ。ワンクッションさせることでボールの勢いを殺そうというわけである。

一見するとむずかしそうなテクニックだが、アプローチショットのボールの高さがコントロールできるようになれば、そうむずかしくはない。いや、ランニングアプローチの一種だと思えば、むしろアベレージゴルファー向けのテクニックともいえ、じつは多くのゴルファーがふだんからやっているショットなのだ。

この場合は、SWだとボールが高く上がりすぎてしまうから、PWや9〜8番アイアンなどを使うことが多いが、ここで忘れていけないのは、ワンクッションさせる地点の地面の硬さと傾斜を確認しておくということ。

つまり、実際にボールを最初にバウンドさせる地点に行って、〝足の裏の目〟で地面の硬さと傾斜を確認しておくのだ。

雨上がりなどで地面がやわらかければ、ボールは思ったほど跳ねずショートしてしまうかもしれないし、硬く踏み固められているようなら、ボールは想像以上にバウンドして、カップをオーバーしてしまうかもしれない。また、微妙な傾斜があれば、思わぬ方向にボールが跳ねるかもしれない。

ボールの落とし場所の地面の硬さをチェックするのは、ワンクッション入れるときだけでなく、ランニングアプローチでボールの落下地点がグリーンの外になりそうな場合は、すべてやったほうがいい。

アプローチは、1メートルに寄せるか、2メートルに寄せるかで、次のパッティングの難易度が大きく違ってくる。OKにまで寄せるためには、こうした情報収集が欠かせないというわけだ。

「難しいライ」からのアプローチの裏ワザ

頭のいいゴルファー　わざと「クラブの刃」や「先の部分」で打つ

頭の悪いゴルファー　きれいに打とうとしてチャックリをやらかす

この項では、頭のいいゴルファーがよくやるアプローチの裏ワザを紹介しよう。裏ワザというくらいだから、これはふつうの打ち方ではミスしやすいむずかしいライのときに使う。ゴルフは、わざわざむずかしい打ち方をする必要はないけれど、状況によってはそうせざるをえないこともある。

ひとつは、ボールがカラー*とラフの境目に止まっているケースだ。グリーンをとらえたかに見えたボールが、スピンが不足していたり、勢いがありすぎたりして、グリーン奥のカラーとラフの境目に止まってしまうことはよくある。

こうしたケースでは、ボールの後ろ、クラブの入るところにボールの半分くらいの高さの芝が密集して生えている。要するに、ボールの後ろだけがラフに半分ほど埋まっている状態である。

ふつうのピッチショットでも打てないことはないが、ヘッドが芝につっかかっ

＊カラー＝グリーンとラフの境目にある少し盛り上がった部分。

て、チャックリということも多い。パターでボールの上半分を打つという方法もあるが、芝の上をパターのソールを滑らせるのはむずかしい。

こうしたケースでプロや上級者がよくやるのが、ＳＷの刃（リーディングエッジ）で打つという方法である。ボールを右足寄りに置いて、ＳＷのリーディングエッジをボールの赤道部分に合わせる。姿勢はハンドファーストで、体重も左寄りだ。あとはパッティングのストロークと同じ。クラブのソールを芝の頭を滑らせるようなつもりで、レベルに（ボールのライと平行な軌道で）ボールの赤道部分をヒットする。けっして打ち込まないこと。距離感はパターで打つときと同じでいい。

もうひとつの裏ワザは、芝の薄いライからのアプローチだ。芝が枯れる冬から春にかけては、ほとんどのアプローチがこうしたライからになるし、夏場でも、人の通り道やベアグラウンドは同じような状態になる。こうしたライは、プロでもミスしやすい。ボールの下にクラブの入る隙間があまりないため、少しでもクラブが手前に入るとチャックリ。それを警戒しすぎると、今度はトップしたりする。

こんなときは、クラブをきれいに入れようという考えは捨てて、フェイスのトゥ（先の部分）でボールをヒットするといい。ボールは右足より右に置くくらいでいい。ポイントは、フェイスのヒール（根元）部分を浮かせること。ふつうのアプローチでは、クラブのソールを芝に滑らせるようにして打つものだが、その芝がないのだから、ソールはかえって邪魔になる。そこで、ヒールを浮かせることで、ソールが地面に触れないようにセットし、トゥでボールをヒットしようというわけである。芯で打つわけではないから、距離は思ったほど出ない（だから、いいライのときでも下りのアプローチに使える）。しかし、こうした嫌なライからのアプローチでは、ミスの出にくい打ち方といえる。

いずれの方法も、ある程度の練習が必要だが、やってみれば思ったほどむずかしくないことがわかるはず。家のなかでもできるから、是非どうぞ。

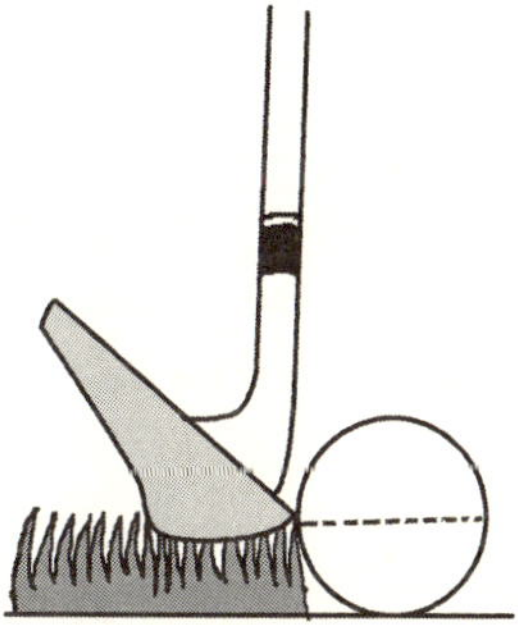

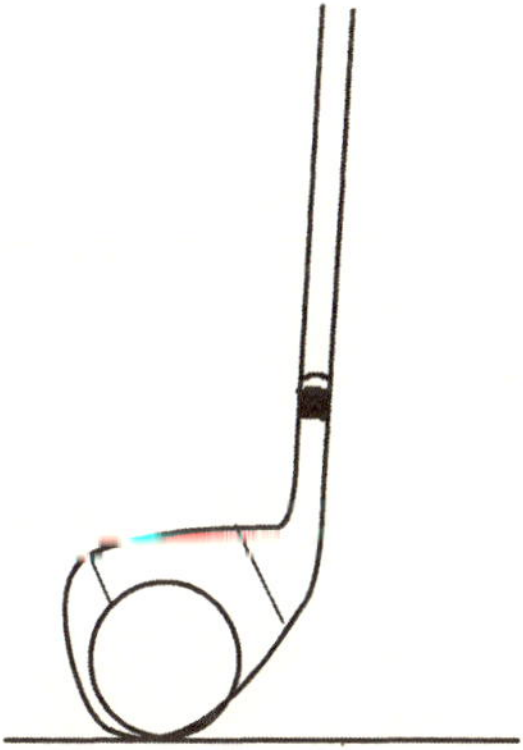

上図はＳＷの刃でボールの赤道を打つ方法。距離感はパターのときと同様。下図はフェイスのトゥでヒットする方法。距離は思ったほど出ない。

パッティング以前の「パット常識」

頭のいいゴルファー　グリーンに上がる前に、だいたいの傾斜を確認しておく

頭の悪いゴルファー　グリーンに上がってから、初めて傾斜を確認

ここ数年、日本では、スロープレーが問題になっているコースがふえている。カートの導入でセルフプレーがふえた、セルフプレー時のクラブの交換などゴルファーの段取りが悪い、などの理由もありそうだが、もうひとつ「グリーンで時間をかけすぎる」という理由も見逃せない。ニギっているからなかなか相手がＯＫを出さないのか、それともトーナメントで優勝争いをしているプロの真似をしているのか。スロープレーヤーは、自分のプレイが遅いことを自覚していないから、ますますタチが悪い。

はっきりいって、スロープレイヤーは大多数のゴルファーから嫌われる。嫌われるだけではない。ゴルフもうまくならないのだ。

たとえば、スロープレイヤーは、グリーンに上がってから、キャディに「上ってる？　下ってる？」ナンテことを聞く。微妙な傾斜ならやむをえないが、明らかな

傾斜であっても、そう聞くのだ。

これは、グリーンに上がるまえに、だいたいの傾斜を確認していなかったからだ。グリーンの傾斜というのは、いったんグリーンに上がってしまうとわかりにくくなる。もしキャディがいなければ、そういうゴルファーは3パットばかりしているはず。つまり、いつまでたってもゴルフはうまくならないし、スロープレイも改まらないのだ。

そのことを知っている頭のいいゴルファーは、ボールがグリーンに乗ったら、花道を歩きながら、グリーンのいちばん高いところと低いところを見つけて、自分のボールがカップに対してどんなラインになるのか、だいたい見当をつけておく。だから、ラインを読むのも早いし、読み違いも少ない。結果、さっさとパッティングを終えて、次のホールに向かう。

ゴルフというゲームは、自分が実際にプレイしている時間は、1割もない。歩いているか、人のプレイを見ている時間のほうが圧倒的に多い。ゴルファーの頭の善し悪しは、その時間をどう使うかでも決まる。グリーン上に上がるまえに傾斜を確認しておくのは、そんな頭のいい時間の使い方のひとつというわけだ。

パットの「距離感とライン」の誤解

頭のいいゴルファー　ラインより、まずは距離感を大切にする

頭の悪いゴルファー　ラインばかりを気にして、ヒットすることを忘れる

パッティングがうまいかヘタかは、パットを外したときのひと言でわかる。

たとえば、左傾斜している5メートルのフックラインがあるとする。このパットが、途中まではラインに乗っていたがカップの直前で左に切れたとしよう。こんなとき、パットのうまい人は、「あ、ちょっと弱かった」という。ところが、パットの下手な人は、「あ、もう少し右を狙えばよかった」というのである。

なぜ、後者はパットが下手なのか？　それは、そういうゴルファーは「もう少し右を狙った」ところで、やはりボールはカップの手前で左に切れるからだ。途中までラインに乗っていたということは、ラインの読みは正しかったということだ。にもかかわらず、カップの直前で左に切れたということは、ボールに勢いがなかったということ。つまり、しっかりヒットしていなかったということなのだが、パット下手の人は、それをラインの読み違いだと錯覚しているわけだ。

カップインするための距離をしっかり打てたかどうかがわからないようでは、いつまでたってもパッティングはうまくならない。

ラウンド前の練習グリーンの項でも述べたように、パッティングは距離感が命だ。その距離感はタッチで出す。どれくらいのタッチでパッティングするかは、ボールがカップインするまでの「スピード」をイメージするといい。

下りのラインなら、とろとろと転がってカップインするイメージ。上りなら、しっかり打ってカップの向こう側の壁にコツンと当たってから入るイメージ。ボールが転がってカップに消える場面を頭のなかで想像してみれば、おのずとそのスピードがイメージできるはずである。

こうしてボールの転がるスピードと、そのスピードを出すためのタッチがイメージできたところで初めてラインを読んでみる。というか、タッチが決まらないことにはラインも読めないのだ。なぜなら、下りのパットでとろとろ転がって入るというイメージなら、ボールに勢いがないから、傾斜の影響を強く受ける。つまり〝ちょいフック目〟のはずが〝かなりフック〟ということもある。反対に、上りのパットをしっかり打って入れようと思えば、〝ちょいスライス目〟に見えても、思ったほど傾斜の影響を受けないから〝まっすぐ〟でいいということになる。

ひょっとすると、ラインを気にしすぎて距離感が出せない（あるいは、距離感を出すことを忘れる）ゴルファーは、プロの試合を見すぎなのではないか。

たしかに、プロの試合が行なわれるようなコースは、高速グリーンで、しかもラインの読みづらいところにカップが切ってあることが多い。しかも、テレビ中継では〝ボールの曲がり具合〟は絵になるが、プロが出したタッチは視聴者に伝わらない。だから、つい自分がプレイするときも、ラインばかりが気になってしまう。

しかし、私たちがプレイするコースが、プロの試合が行なわれるような高速グリーンであることはめったにない。そのことをお忘れなく！

強いとか弱いでなく、どのくらいの速さで転がっていくかというスピードをリアルにイメージ。

パットの「距離感」が合わないときの裏ワザ

頭のいいゴルファー　実際のカップの前後に「仮想カップ」を想定する

頭の悪いゴルファー　あくまでもインパクトの強さで調節する

どうしても距離感の合わないグリーンというのがある。いつもプレイしているホームコースより、極端に速かったり遅かったり。ふつうのショットではボールは空気中を移動するから、飛ぶ飛ばないに影響するのは、風を別にすれば気圧と湿気くらいしかないけれど、芝の上でボールを転がすパッティングでは、芝の刈り高やグリーンの硬さによって、転がりがもろに違ってくる。

どうしてもショートしてしまう遅いグリーンなら、振り幅を大きくするなり、強くヒットするなりすればいいし、めちゃくちゃ速いグリーンなら、振り幅を小さくするなり、ソフトにヒットするなりすればいい——そんなことはわかっているのだ。でも、それがなかなかできないのである。

考えようによっては、これは自分のなかにしっかりとした距離感があるからであり、その意味では喜ぶべきこととはいえる。しかし、ゴルファーたるもの、グリーンが速ければ、その速度に自分の距離感をアジャストできてしかるべき。が、これがじつにむずかしいのだ。

理由のひとつとして、自分の距離感をいったんチャラにするのが恐ろしいということがある。たとえば、ふだんなら5メートルは「5」のタッチで打っているという人の場合、高速グリーンでは「4」のタッチで打たなければならなくなる。

この場合、「5メートル＝5」という経験則をいったん捨てて、「5メートル＝4」という新たな法則でプレイしなければならないわけだが、そんなことをしているると、これまで培ってきた「5メートル＝5」の世界に戻れなくなるのではないか……そんな不安があるのだ。それに、「5」を「4」にすればいいとはいっても、「ふだんのタッチの20％減」なんて、そう簡単にできることではない。

で、「4」か「5」か……と悩んでいるうちに、ラウンドは終了。けっきょく、その日は3パットが山ほどあり、パット数も40ナンテことになるのである。

いい方法をお教えしよう。こんなときは、タッチは変えなくて結構。そのかわり、実際のカップの前後に〝仮想カップ〟を想定するのだ。つまり、いつもより遅いグリーンなら、カップの向こうに、いつもより速いグリーンならカップの手前に仮想カップを想定し、そこにほんもののカップがあると思って打つのである。

そうすると、たとえば遅いグリーンで5メートルのパッティングというのは、自分の距離感でいえば6メートルのパッティングということになったりする。そうすれば、「5メートル＝5」のタッチでやってきた人は、「6メートルなら5・5くらいね」という具合にピンと来て、すぐに遅いグリーンのスピードにアジャストできるというわけだ。

仮想カップを想定せずに、ひたすら振り幅やタッチだけで距離感を調節しようとすると、パンチが入って大オーバーしたり、びびってショートしたりと、大切な自分の距離感までめちゃくちゃに破壊されかねないのだ。

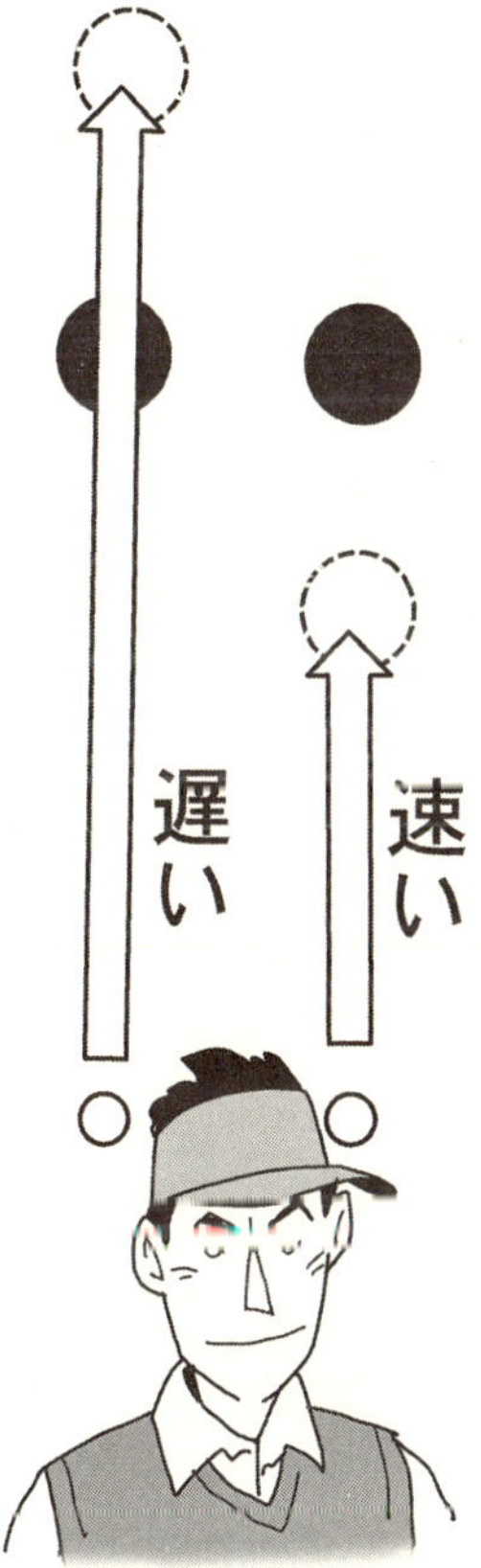

グリーンが速い場合は、実際のカップより手前に、遅い場合は奥に「仮想カップ」を想定する。

「ラインの読み方」の意外な盲点

頭のいいゴルファー　曲がるラインのボールの入り口は正面ではないと思う
頭の悪いゴルファー　曲がるラインのボールの入り口もカップの正面と思う

当たり前のようでいて、案外、知らないゴルファーが多いのが、「パッティングでは、ボールの入り口はカップの正面とは限らない」という事実だ。

たとえば、スライスライン。この場合は、カップの左側が高いのだから、ボールの入り口は正面よりやや左。そこがカップインするときの〝正面玄関〟になる。たしかに本来の正面玄関からも入らないわけではないけれど、スライスラインの場合、正面からカップインしたのなら、それは「カップの右からかろうじて入った」ということになる。つまり、正面を狙っては、カップの入り口の半分しか使っていないことになるのだ。

あのアニカ・ソレンスタムも、この事実に気がついたのは、LPGAの参加資格を得てから6年目のことだったという。この頃、彼女はすでに全米女子オープンにも優勝するなど、着々と第一人者への道を歩んでいたが、この年は、パッティングが不調。全米女子オープンに予選落ちするなど、成績もパッとしなかった。

そんな彼女に、「ボールはカップの正面から入るのではなく、高いほうから入る」ということをアドバイスしてくれたプロがいた。デイブ・ストックトン。全米プロを2度制したことのある名手である。

アニカにとって、このアドバイスはまさに「目からウロコ」だった。「曲がる量を計算に入れて、カップの高いほうを狙って打つと、カップはもっと大きく感じる」ようになったというのだから。

ちなみに、このときストックトンは、「グリーンの低いサイドに立って見ると傾斜がよく見える」「どんなパットでもスピードはカップを40センチオーバーするくらい」ということも教えてくれたという。

さて、どんなに曲がるラインを想定したところで、その最終的なゴールがカップの正面では、そのラインは〝カップの真ん中から入るライン〟ではない。わざわざ〝カップの端から入れるライン〟なのだ。

カップインするときの〝正面玄関〟がわかれば、それまで〝カップの端から入れていた人〟は、自ずとラインの読みが違ってくる。これまでカップの淵をなめていたボールが、ど真ん中から入ってくれるはずだ。

「ロングパット」と「ショートパット」の逆説

頭のいいゴルファー ロングパットはゆるく握り、ショートパットはきつく握る
頭の悪いゴルファー ロングパットはきつく握り、ショートパットはゆるく握る

ゴルフというスポーツは、じつに天《あま》の邪鬼《じゃく》にできている。右には打ちたくないと思って左を向いて打つと、身体が開いてかえって右に行ったり、渾身《こんしん》の力を込めてクラブを振ると、かえってヘッドスピードが上がらなかったり。

まあ、こうした〝逆説〟は、ゴルフが天の邪鬼なスポーツだからではなく、ちゃんとした裏付けがあるのだが、初心者のうちは、やることなすこと逆の結果ばかり出るということが多いものだ。

パッティングにも、こうした逆説がある。

「ロングパットは、長い距離を打つのだから、パターをしっかり握ったほうがいい。反対に、ショートパットは短い距離だから、しっかり握る必要はない」――そんなふうに考えているゴルファーが少なくないのである。

しかし、実際はこの反対である。

ロングパットでいちばん大切なのは距離感で、狙った距離をしっかり打てるかどうかがカギになる。問題は〝しっかり〟の打ち方で、それにはグリップをゆるく握って、ヘッドの重さを利用したほうがいい。グリップをしっかり握り、振り幅を大きくすることで長い距離を打とうとすると、どうしてもストロークがぎくしゃくしてしまうのである。

一方、ショートパットは、パターのフェイスをターゲットに対してスクエアに保ったままストロークしなければならない。怖いのは〝緩み〟だが、緩まないようにするためには、グリップをしっかり握り、なおかつ手首の角度を固定して、両肩でストロークするのが最良の方法になる。ショットの場合、グリップをしっかり握るとヘッドが走らなくなるが、ショートパットの場合はそれでいいのだ。

じつは、グリップを握る強さを変えるのは、距離に応じてというだけでなく、傾斜に応じて変えるというプロゴルファーもいる。

つまり、上りのパットは〝しっかり〟打たなければならないから、グリップをゆるめに握って、ヘッドの重さを効かせる。反対に、下りのパットは、グリップをしっかり握ることによって、ヘッドの重さが効かないようにする。結果、タッチは自然にソフトになり、ボールの転がりがコントロールできるというわけだ。

「ラッキーなミスパット」がじつは怖い

頭のいいゴルファー 芯で打てて、気持ちよくストロークできたことを良しとする

頭の悪いゴルファー パターは「入ってナンボ」と考える

ゴルフの世界で耳にタコができるほど聞かされる〝名言〟に、

「上がってナンボ」

というのがある。

たしかに、ゴルフは結果がすべてだ。スコアカードに記入されるのは数字だけで、そこには「3番ホールは、ドライバーは250ヤード飛んでフェアウエイをキープした」とか「5番ホールでは、せっかくパーオンしたのに3パットした」などとは書かない。そういう「悔しい5」も「5」なら、ミスショットを連続してやっと4オン、しかし、これを1パットでしのいだ「ラッキーな5」も、同じ「5」。月例会やコンペの成績も、ハンディキャップの算出も、ゴルフの内容ではなく、スコアという数字だけで決まる。

同じことは、パッティングについてもいえる。

ラインを読み違えても、同時にストロークもミスすると、ミスとミスが相殺《そうさい》されて、カップインしてしまうことがある。反対に、ボールを芯でとらえた完璧なストロークで、狙ったとおりのラインに打ち出せたとしても、最初からラインを読み違えていれば、そのパットは入らない。前者はミスパットしたのにバーディ、後者はナイスパットしたのにパーだ。

さて、こんなとき、あなたは「入ってナンボ」と考えるだろうか。

じつは、この質問に対する正解は、あなたがミスパットしたとして、それがミスパットだとわかっているかどうかで違ってくる。

ミスパットだとわかっていれば、「ラッキー」と素直に喜べばいい。つまり「入ってナンボ」と思って結構である(ただし、次のホールから、ミスパットしないよう気をつけるべし)。

しかし、ミスパットしたことに気がついていないとすれば、「入ってナンボ」などと喜んでいる場合ではない。パットが入らなくなるのは時間の問題で、18ホールが終わったときは3パットの山。それこそ、ライバルから「上がってナンボだよ」とからかわれかねないだろう。

逆にいえば、パッティングにおいて、ボールをきちんと芯でとらえ、狙ったラインにスムーズにストロークできたときは、それだけで満足していいということである。もちろん、そういうストロークができたとしても入らないときは入らないのがパッティングだ。それは、そのグリーンとよほど相性が悪かったからで、「今日は自分の日ではなかった」と諦《あきら》めればいい。

しかし、ふつうはいいストロークができる日というのは、めったに3パットはしないもの。待てば海路《かいろ》の日和《ひより》あり——自分の悲運を嘆かず、いいストロークをくり返していれば、かならず報われるはずである。

「短いバーディパット」を決める

頭のいいゴルファー 強めにヒットする

頭の悪いゴルファー 緩んでショートしてしまう

パー3の攻略法の項（48ページ）で、パー3は、ティーショットがたまたまカップの近くに止まれば、ビギナーでもバーディが取れると書いた。

しかし、実際は、そのバーディパットがなかなか入らない。1メートルしかなくても、ショートしたり。むしろ、10メートル近くあるようなバーディパットのほうが気楽に打てる分だけ、入る可能性が高かったりする。

短いバーディパットを外す理由は、90パーセントが心理的なものだ。ビギナーはもちろん、アベレージゴルファーにとっても、バーディチャンスというのは1ラウンドに何回もあるものではない。本来なら、千載一遇のチャンスとばかり、果敢に狙っていくべきなのだが、めったにないチャンスなだけに、ふつうの心理状態ではなくなってしまうのである。

これは「入れたい」気持ちが強すぎるという意味ではない。こころのどこかで「パーでもいいか……」という気持ちがあり、それが〝緩み〟につながるという意味である。

スポーツ心理学に「コンフォート・ゾーン」という言葉がある。直訳すれば「自分にとって心地いい空間」で、たとえばゴルフなら、ハンデ20の人が前半を46、後半を46のパープレイでラウンドしたとき、彼はコンフォート・ゾーンにいるということになる。だから、前半で50も叩いたときは、彼はコンフォート・ゾーンに入ろうと後半はがんばって42で回ろうとする。

面白いのは、前半を42で回ったようなときだ。ふつうなら「よし、ベストスコア更新だ！」とか、イケイケ状態になってもよさそうなものだが、こんなときに限って後半で大崩れしてしまう人が多い。

これは、ベストスコア更新のプレッシャーに負けたからというだけでなく、彼が無意識のうちにコンフォート・ゾーンに安住しようとしたから、というのがこの理論の面白いところだ。

つまり、彼は、前半42、後半42というスコアで回ることに、無意識のうちに〝居心地の悪さ〟を感じている。彼は、どこかで「いつもの自分」でいたいと思っているというわけである。

めったにないバーディチャンスを外《はず》すのも、この「いつもの自分」でいたいという無意識の気持ちの表れなのではないか。だとすれば、その人は永遠に自分の殻や限界を打ち破れないことになる。

バーディパットは自分の殻《から》を破る意味でも、強めにヒットしよう。無意識にせよ「パーでもいい」と思っているのなら、ショートするよりオーバーするほうが気分がいい。ショートしては、「やっぱり」となり、自分の弱さを呪いつづけなければならないのだから。

5章

●気持ちよくラウンドする「メンタルケア」

自滅しない賢者の心得

ショット直前に頭をよぎる「不安」

頭のいいゴルファー　一度決断したら、迷わず・考えずにスイングする

頭の悪いゴルファー　頭に迷いを浮かべたままスイングしてしまう

ピンまで115ヤードのフェアウエイ。あなたはいま、9番アイアンかPWかで迷っているとする。9番アイアンは120ヤード、PWなら110ヤードというのがあなたの距離。いわゆる〝ビトゥウーイン・クラブ（中間の距離）〟というやつだ。ライを確認し、風を読み、さまざまな情報を収集して、あなたは9番を使うことを決心した。少し風がアゲているから、9番アイアンでいいと判断したのだ。そしてアドレスに入って、ワッグル*を開始……ところが、ここでふと「やっぱり9番じゃ大きいか」という思いが一瞬、頭をかすめた。

それだけでもミスショットする確率は50パーセント以上あるが、さらに「じゃあ、ちょっと軽めに」と、アドレスの最中に一度決めた方針を変えようとすれば、ほぼ間違いなくミスをするのがゴルフだ。なぜなら、人間は、考えながらではスムーズなスイングができないからだ。

＊ワッグル＝スイング開始前の予備動作。この動きがきっかけとなり、スイングを開始する。

アニカ・ソレンスタムのメンタル面でのコーチとして知られるピア・ニールソンらが『ゴルフ「ビジョン54」の哲学』（ランダムハウス講談社）のなかで、こんなことを言っている。

ボールの後方2〜3メートルのところに飛球線と直角に交わるような一本の線を想像し、これを「決断ライン」と名付ける。そして、その線よりボールから遠い側（ボールの後方で、打つべき方向を確認する場所）を「思考ボックス」、近い側（アドレスする場所）を「実行ボックス」とする。

「思考ボックス」に立っているときは、ショットに関するあらゆることを考える。風、ボールのライ、避けなければならないハザード、ショットについての注意点などを総合して、使用するクラブを考え、その球筋をイメージする。

こうして結論が出たら、クラブを手にとって「決断ライン」を超え、「実行ボックス」に入る。そして、そこではイメージどおりにスイングすることだけに集中する。もし、ボールに向き合っているときに迷いや不安が生じたら、もう一度「思考ボックス」に入って、考えなおす。そして、再び「実行ボックス」へ向かい、自信をもってスイングすればいい——。

ゴルフのスイングというのは、迷いや不安を抱えたままでは〝当てにいくだけ〟

のスイングになりやすい。あるいは、さまざまな注意点などの「言葉」が頭に渦巻いていると、身体がうまく動かなくなる。ふつうに歩くとき、誰も「右手を前に出すときは、左足を前に」なんてことは考えないものだが、これを「言葉」にして無理やり意識させると、かえって右手と右足が同時に前に出てしまうような歩き方になる。迷いや不安、あるいは「言葉」が頭に渦巻いている状態でのスイングは、そんな歩き方と同じなのだ。

ニールソンは、こんなこともいっている。

「『実行ボックス』は、柔らかな握り、重心の安定を感じる場所だ。流れに乗って最上の成果を生みだすには、『実行ボックス』でデジタル式に考えてはいけない」

アドレスに入っても、何回もワッグルをくり返すばかりで、なかなか打とうとしない人がいる（かつてのガルシアがそうだった）。それは「思考ボックス」で決断を下さないまま「実行ボックス」に移ってしまったからだ。つまり、悩みを抱えたままスイングをしようとしているわけで、そんなときはたいていミスをする。

また、「実行ボックス」に入ったら、できるだけ早くスイングを開始したほうがいい。そこに長くいればいるほど、さまざまな疑念が湧いてきて、それらはあなたを金縛りにするからである。

「思考ボックス」ではさまざま考えるが、「決断ライン」を超えて「実行ボックス」に入ったら、あれこれ悩まずに打つ。

「ミスショット」してしまった時は？

頭のいいゴルファー 「ミスは仕方ない」と自分を責めない

頭の悪いゴルファー 腹を立てて、自分を責める

ラウンド中、ミスショットするたびに、「バカ！」とか「どこ打ってんの！」と声をあげるゴルファーが多い。

まあ、思わず口に出てしまうのはしょうがないとしても（あまり大声だと、マナーとしてまずいですが）、ミスショットを何度もくり返すような日は、その「バカ！」の語気がだんだん荒くなってくる。本気で自分のことを「バカ」で「下手クソ」で「学習能力がない」などと思い始めてしまうのだ。

で、最後はキレる。キレてしまった人のなかには、これ以上、自分のことをバカだとは思いたくないからなのか、そのラウンドを「練習」とか「遊び」とかいうことにして、現実から目を背けようとするタイプもいる。

反対に、ナイスショットしたときや、パーを拾えたときは、そのたびに「自分をほめる」ゴルファーもいる。

「うん、いまのバンカーショットは我ながらうまかった」とか、「うん、いまのホールはドライバーは曲がったけど、アプローチはよかった。ま、ボギーはしかたがないか」とか。なかにはあまりゴルフのことを知らない新人キャディーに同意を求めるような言い方をする人もいる。

どちらのゴルファーのほうがスコアがいいかは、いうまでもない。

ゴルフはメンタルなゲーム——とは、これまた耳にタコができるくらい聞かされる言葉だが、この言葉にまったく嘘はない。

01年の全米オープンの72ホール目、首位にいたR・グーセンが50センチのパーパットを外してしまうのも、99年の全英オープンのやはり72ホール目、首位にいたJ・バンデベルデがダボでも優勝のところをクリークに入れてトリプルボギーを叩いてしまうのも、みなメンタルな理由としかいいようがないではないか。

べつな言い方をすれば、どんなゴルファーでも、プレッシャーがかかったり、自分を腐《くさ》しはじめたりすれば、平常心ではなくなり、ゴルフのプレイがおかしくなるということである（タイガーだけは別かもしれない……）。

その昔、ミスショットをするとクラブを叩きつけて折ったり、パーパットを外すとパターをへし折ったりした有名プロゴルファーがいた。マナーとしてはいただけないが、これは彼にとって一種のオマジナイのようなものだった。彼は、クラブやパターに〝当たる〟ことで、怒りを消化しようとした。実際、彼はミスショットやミスパットをしても、一切、それを自分のせいにしようとはせず、やれ「突然、風が吹いた」とか「ギャラリーが奇声をあげた」とか、みな他人や自然のせいにしたという。

本当のことをいえば、ゴルフほど「自己責任」で行なうスポーツはない。そんなことは彼も重々承知していたが、ミスショットやミスパットをいったん自分のせいだと認めてしまうと、プレイがガタガタになる――毎週のように試合がつづき、その賞金でメシを食べていかなければならないプロゴルファーとしては、自分を責めることでスランプに陥ることをいちばん恐れたのだ。

ゴルフはミスのゲームといわれる。一流プロでも、1ラウンド中、満足のいくショットは数えるほどしかないという。はたから見れば、見事にグリーンをとらえたナイスショットでも、当人にとっては、ちょっと噛み気味だったり、計算したより曲がりが大きかったりして、会心のショットとはいえないことのほうが多い。

ということは、もしミスショットをした自分にいちいち腹を立てていれば、ラウンド中、ずっと自分を責めつづけなければならないということになる。これではゴルフにならないのだ。

だから、頭のいいゴルファーは、ミスをしても「ま、しょうがない」「よしよし、結果オーライ」「ゴルフにミスはつきものさ」と受け流す。ミスを他人のせいにしてしまうのも、自分を責めないという意味では同じなのだ。

アベレージゴルファーなら、トップやダフリなど、誰が見てもミスとわかる大ミスを1ホールに1回くらいはやらかす。しかし、そんなミスはあって当たり前。だから、ハンデがたくさんあるのだ。

私たちがキレるのは一〇年早い——自戒をこめて、あえてそういっておきたい。

切り替え上手でうまくいくゴルファー、自分を責めてボロボロになるゴルファー。さて、あなたはどちら？

ドライバーショットが林に一直線！

頭のいいゴルファー　最悪の状況を想定して、そこに向かう
頭の悪いゴルファー　あくまでも「ラッキー」を期待する

気持ちよくドライバーを振り切ったまではよかったが、ボールは右の林方向へ。ティーグラウンドからは、ボールが林のなかに入ったか、その手前で止まったかはわからない。

こんなとき、あなたの頭をよぎるのはどんな思いだろうか？

①グリーンが狙える場所にあってくれよ
②林のなかなら、出すだけでも仕方ないな

ボールを曲げて、トラブルになりそうなときは、誰しも幸運を祈りながら、ボールの地点まで向かうものだ。この場合なら、①「グリーンを狙える場所にあってくれよ」と思うのは、当然の人情といえる。

しかし、その一方で、頭のいいゴルファーなら、②「林のなかなら出すだけでも仕方がないな」という覚悟もしているはず。いや、もっといえば、ボールは林のな

かどころか、木の根っこにあり、「出すだけもむずかしい」という最悪の事態まで想定しておくはずである。

理由はいたって単純である。最悪の事態を想定しておけば、現実がそのとおりになったとき、ショックが少なくて済むからだ。ショックが少なければ、現実となった最悪の事態に対して冷静に対処することもできる。

これが最悪の事態を想定するどころか、「いや、あのボールの勢いなら、林のなかまでは入っていない」と、最後まで一縷《いちる》の望みを捨てないとどうなるか？

こういうゴルファーは、ボールが木の根っこにあるのを発見すると、「ああ、なんてツイてないんだ！」と我が身の不運を嘆く。そして、なかなか気持ちを切り替えられないまま次のショットを打ち、さらなるドロ沼にハマるのである。

何度もいうが、ゴルフはミスのゲームだ。ミスをすれば、しかるべき代償を払わなければならないのが世の習いで、ゴルフでも、池に打ち込んだり、ボールがなくなったりすれば、1打罰を払わなければならないことになっている。

林のなかにボールを打ち込んだのなら、その時点で、ミスの代償として1打罰、つまりこの場合なら、〝出すだけ〟だと覚悟すればいい。最後まで一縷の望みを捨てず、なおかつ支払うべき一打罰を出し惜しみするのは、ちょっと虫がよすぎるというものである。

もちろん、最悪の事態を覚悟していても、実際は「ラッキー」ということもままある。そういうときは、素直に「儲けた」でも「ツイてる」でもいいが、プラスに考えればいい。

なかには「これでツキを使い果たしたかもしれない」なんていう「ラッキー」を素直に喜べない悲観論者もいるけれど、これははっきりいってマイナス思考がすぎる。ツイていると思えば、ノッていけばいい。ゴルフでは「一日中ツイているラウンド」というのがけっこうあるのだから。

ラッキー狙いでドツボにはまる人、無理せず次のショットを考える人。さて、あなたはどちら?

プレイ全体の「リズム」を作る法

頭のいいゴルファー　つねに先頭をキビキビと歩く
頭の悪いゴルファー　ダラダラ歩き、組全体のリズムを狂わせる

ゴルフでもっとも大切なものは「リズム」だとよくいう。

この「リズム」には、「スイングのリズム」と「プレイ全体のリズム」のふたつの意味がある。

スイングのリズムなら、「チャー・シュー・メン」でも「イ〜チ、ニ〜」でもいいが、とにかくドライバーからSWまで、つねに同じリズムでスイングすることが大切であることはいうまでもない。

リズムが早くなると（その多くは、トップからの打ち急ぎ）、ほぼ間違いなくミスショットが出る。プレッシャーがかかったときや、トラブルショットのときのように結果が気になるときなど、プロでもスイングのリズムが早くなることがある。ピンチのときこそ「リズム遵守《じゅんしゅ》」を自分に言い聞かせることだ。

もうひとつの「プレイ全体のリズム」は、案外、ゴルファー当人は意識しづらい

ものかもしれない。しかし、誰でも、「あの人とラウンドすると、なぜかスコアがいい」という相手がいるはずで、そういうときは間違いなく「プレイ全体のリズム」がいいのである。

そういう相手は上級者とは限らない。ただ、プレイがキビキビしていて早い、さっさと歩く、無駄な動きがない、ミスショットしてもグチグチいわないといった特徴があるはずで、そういう人とラウンドしていると、知らず知らずのうちにその組全体のプレイのリズムがよくなるのだ。

反対に、スロープレイヤーといっしょにラウンドしたり、コースが渋滞しているとリズムが狂うというのは誰しも経験があるはずである。

こうみてくると、「プレイ全体のリズム」というのは、同伴競技者によって決まるところが大、ということになりそうなのだが、「プレイ全体のリズム」は、たとえスロープレイヤーといっしょでも、ある程度、自分の力でつくりだせるものなのだ。

たとえば、ラウンド中は、つねに先頭を歩くように心がける。そのためには、ころもち早足で歩かなければならないが、先頭を歩く人が早足だと、後につづくプレイヤーも自然に早足になるもので、組全体のリズムがよくなる。

先頭を歩くメリットはまだある。それは、つねに時間的な余裕が生まれるということだ。先頭を歩いていけば、誰よりも早くグリーンに上るから、ラインを読む時間的な余裕が生まれる。

あるいは、第2打地点に向かって歩いていくときも、隣のホールのレイアウトやピンの位置をチェックしておくことができる。

上級者のなかには、同伴競技者が誰であろうと、自分のリズムを守りつづける人が多い。よくいえばマイペース、悪くいえば唯我独尊《ゆいがどくそん》タイプで、もしこれがスロープレイヤーなら嫌われること必至だが、まわりに気を使いすぎる人は、少しくらい真似してもよいのでは？

キビキビとプレイし、自分のリズムを守る人は、プレイが波にのり、次を読む余裕も生まれる。ダラダラは百害あって一利なし。

「上手な同伴競技者」のどこに注目するか？

頭のいいゴルファー　上手なゴルファーのリズムを真似てみる
頭の悪いゴルファー　上手なゴルファーの打ち方を真似てみる

上級者といっしょにラウンドすると、いいスコアが出るゴルファーと、そうでないゴルファーがいる。もちろん、それは上級者の性格やプレイぶりにもよるのだが、ここではプレイもマナーも、アベレージゴルファーの範となるような上級者という意味で話をすすめる。

アベレージゴルファーは、上級者の飛距離に惚れ惚れし、アプローチのうまさに舌を巻く。ミスショットするのを見て、「やはり彼もミスをするのだ」とちょっと安心するものの、そのあとの処理が落ち着いているの見て、さすがだと感心する。

タイガー・ウッズのような圧倒的にうまいプレイヤーとまわると、同じプロでも「ギャラリーになる」、つまり思わずそのプレイぶりに見入ってしまうことがあるという。アマチュア同士でもハンデが10以上違えば（ましてや上級者がハンデ5以下なら）、アベレージゴルファーが上級者を雲の上の存在のように思ったとしても不思議はない。

そこまでは、上級者とまわるといいスコアが出るアベレージゴルファーもそうでないゴルファーも同じだ。では、違いはどこにあるのか？

頭の悪いゴルファーは、うまいゴルファーの飛距離にだけは負けまいと力んだり、あるいは迷惑をかけてはいけないと、ついつい早打ちになったりして、ミスショットを連発する。「いいところを見せよう」でも、反対に「迷惑をかけないよう」でも、それはふだんの心理状態とは明らかに違う。「迷惑をかけないよう」は心がけとしてはけっして悪くはないのだが、その思いがすぎると、いつものリズムでプレイできなくなり、スコアもボロボロになってしまうのだ。

いっぽう、頭のいいゴルファーは、うまいゴルファーに張り合うのでも、気を使いすぎるのでもなく、彼のリズムを真似ようとする。歩くテンポ、アドレスに入るまでの呼吸、スイングのテンポ、パッティングのストロークのリズムなど。上級者のスイングをいきなり真似することはできないけれど、リズムなら真似しやすい。たとえばそれは、上級者と並んで歩くだけでも身についたりするのだ。

宮里藍は、05年のミズノクラシックで初めてアニカ・ソレンスタムとラウンドした際、ラウンド後に「言葉では伝わりにくいかもしれませんが、実際にアニカのゴルフに直に触れ、空気を感じたことで得たものは計り知れません」というコメントを残している（週刊ゴルフダイジェスト06・4・12）。

宮里のいう「（アニカの）空気」に「アニカのリズム」が含まれていることは間違いない。私たちも、テレビを通して一流プロの技術やリズムに感心することは多いはずだが、「空気」までは感じられない。それは、いっしょにラウンドすることで初めて感じられるものなのだ。

範とすべき上級者とのラウンドは、その意味で、あなたのゴルフのリズムをよくする絶好のチャンスなのである。

上級者のリズムは“現場”で感じとるのがいちばん。

「コースが渋滞」したときの対処法

頭のいいゴルファー　ゴルフとは関係のないことを考える

頭の悪いゴルファー　イライラした挙げ句に〝待ちチョロ〟

休日や春と秋のトップシーズンともなると、コースが渋滞することが珍しくない。ふつうならハーフ2時間程度でまわれるところが、2時間半、大きなコンペなどが入っていると3時間なんてこともある。

こうなると、ティーショットで待たされ、セカンドショットで待たされ……というわけで、自分のリズムを守るのがむずかしくなる。そして、やはりやってしまうのである、〝待ちチョロ〟を。

〝待ちチョロ〟とは、待たされたあとに出るチョロのこと。理由は、〝待ちチョロ〟をやってしまう当人だっておおよそ見当がついているはずだ。待たされることのイライラ、なまじ時間があるために頭をよぎる余計な考え、待たされている間にたまってしまったアドレナリンなどのせいで、スイングのタイミングがすっかり狂ってしまうのだ。

じつは、一流プロでもそういうことがあるという。たとえば、アニカ・ソレンスタムは、ある試合で、グリーンが空くのをフェアウエイで待っている間中、次打で使うSWを杖《つえ》のように支えにして立っていた。ようやく自分の番がきてそのSWで打ったところ、なんと池ポチャのダボ。

以来、彼女は、待たされているあいだは、絶対にクラブを持たないことにしたという。そして、自分の番がきてから初めてバッグのところにいって、使うクラブを引き抜くというルーティーンを守ることにしたというのだ。

アニカでもやってしまう〝待ちチョロ〟に「へえ〜」と思い、その対策に「なるほど」と感心した人も多いのではないか。

ゴルファーという種族は、誰しもいったんクラブを握ってしまうと〝臨戦態勢〟になるものだ。しかし、臨戦態勢というのはそう長つづきするものではない。間が空きすぎると、ショットのイメージも希薄になってくるし、身体もじょじょに固まってくるからだ。だから、いったんクラブを握ったら、間を置くことなく、いつものリズムで流れるようにショットしたいと思うのが、ふつうのゴルファーである。

ところが、短気なゴルファーは、すぐに打てないことがわかっているのに、ついついクラブを握ってしまう。前の組が出たばかりで、しばらくティーショットは打てそうもないのに、オナーになったことに気をよくしてか、早々にボールをティーアップして、今か今かと待っていたりする。

これは野球でいうところの「打ち気にはやっているバッター」と同じ。投球術にすぐれたピッチャーなら、さんざんジラした挙げ句、あっさり三振に仕留めてしまうはずだ。

待たされているあいだはクラブは握らない、いや触るのもよしたほうがいい。あるプロは、ボールに近づくことさえしないという。こんなときは、いったんゴルフのことは忘れて、「今日の晩飯」のことでも考えていたほうが賢明である。

ゴルフでは考えすぎるとロクなことがない。待っているときはゴルフ以外のことを考える。

「苦手なホール」克服のコツ

頭のいいゴルファー　水を飲むなどして、ひと呼吸おいてから迷わずスイング

頭の悪いゴルファー　イヤだと思いつつ、ティーショットにのぞむ

ホームコースのあるゴルファーなら、誰でも苦手なホールというのがあるのではないか。誰もが最難関と認めるようなハンディキャップ1のホールとは限らない。ほかのプレイヤーが「このホールのどこがイヤなわけ？」と不思議がるようなホールが、苦手だったりするのだ。

苦手な理由でもっとも多いのは「ティーショットが立ちづらい」というものだろう。ティーグラウンドの向きや風景などのせいで、スタンスの向きが正しく取れず、いつも引っかけたり、プッシュしたり。このほか、「ドライバーだとフェアウエイを突き抜けるし、かといってほかのクラブはもっと自信がない」とか、「どうやってもスライスしかでないから、左ドッグレッグが苦手」とか、ゴルファーの飛距離や技術に原因があることもある。

プロゴルファーも、じつは同じだ。トーナメントには、毎年同じコースで開催さ

れるものも多く、そうなるとどうしても苦手なホールというのが出てくる。初めてのコースでも、練習ラウンドをすればすぐにティーショットが打ちづらいホール、セカンドショットの距離感がどうしても合わないホールなど、苦手なホールが見つかってしまうのだ。では、彼らは苦手なホールをどうやって克服しているのか?

たとえば、片山晋呉は、苦手なホールのティーグラウンドに立ったら、かならず水をひと口飲むという。ノドが渇いているからではない。水を飲むことによって、ひと呼吸入れるためだ。得意なホールなら、スーッとティーグラウンドに上がり、迷うことなくスタンスを取り、サッとスイングするところだが、苦手なホールでは、まず苦手意識を払拭するための〝間〟が必要になる。それがひと口の水なのだ。

同時に、ひと口の水は、ゴルファーの気持ちをリラックスさせる効果もある。だから、PGAで活躍するゴルファーのなかには、ショットのたびに水を少しだけ口にするプレイヤーもいる。

これには「水を飲めば大丈夫」という、オマジナイのような効果もあるのだろう。しかし、オマジナイであれ、なんであれ、それで安心できるのならいいではないか。なにせ、ゴルフはメンタルなスポーツなのだ。神頼みでも、ゲン担ぎでも、それでゴルファーがリラックスできるのなら何だって取り入れていいのだ。

「上がり3ホール」で笑顔する裏ワザ

頭のいいゴルファー 軽い体操をして、気合を入れなおす
頭の悪いゴルファー 疲労に気づかないまま、ミスを連発

ゴルファーには、2種類のタイプがある。それまで調子がよかったのに、上がり3ホールでスコアを崩してしまうゴルファーと、それまで調子が悪くとも、上がり3ホールのスコアがいいゴルファーだ。

後者は、「このままでは帰れない（チョコを取られる?）」と気合を入れ直してがんばるタイプか、超スロースターターというタイプだろう。一見するとメンタルも強そうだが、この手のタイプは概してスタートの3ホールのスコアが悪いもので、その意味では緊張しやすいタイプであることが多い。こういう人には、1章29ページの「スタートして3ホールは静かにプレイする」の項をもう一度読んでほしい。

アベレージゴルファーに多いのは、やはり前者で、考えられる理由はふたつある。ひとつは、疲労である。これがマラソンなら、35キロを過ぎれば急に足が動かなくなるなど、はっきりと疲労を自覚することができるけれど、ゴルフは、実際は

疲れているのに、そうと気づかないことが多い。なかには、「ゴルフなんて歩いているだけで、たいした運動ではない。よって疲れるはずがない」と思い込んでいるゴルファーもいるほどである。

でも、やっぱりゴルフも疲れるのである。残り3ホールともなれば、すでに7～8キロは歩いている。"正しいスイング"というのは肉体的にもけっこうキツいもので、ふだん使わない筋肉や股関節にけっこうな負荷がかかっている。"正しくないスイング"をしているゴルファーなら、入れる必要のない力まで入っているから、もっと疲れているかもしれない。

おまけに、ラウンドの当日は早起きして睡眠時間が4時間、そのうえ片道2時間の運転なんていうケースはザラだ。ゴルフから帰宅すると、ビールを飲んで即寝。そんな人が多いのも、ゴルフがかなり疲れることを物語っている。

だから、頭のいいゴルファーは、上がり3ホールを迎える前に、軽いストレッチや屈伸運動をやって、たまった疲れをほぐそうとする。そして、「よしっ！」と気合を入れ直して、残りをがんばるのである。

上がり3ホールでスコアを崩すもうひとつは、メンタルな理由だ。それまで調子がよかったということは、「残り3ホールを3オーバーだとベストスコア」「5オーバーでも、コンペに優勝できそう」などの可能性があるということである。つまりそのプレッシャーに負けてスコアを崩してしまう。

ベストスコアや勝利を目前にすれば、誰でもプレッシャーはかかるのだ。だからまずは自分がプレッシャーを感じていることを素直に認めてしまおう。そして、「シビれるようなパットを打つことこそ、ゴルフの醍醐味なのだ」と、そのプレッシャーを楽しめばいい。プロではないのだから、失うものなど何もない。言葉は悪いが「たかが遊び」――そんなふうに思ってもいい。

軽い体操をして、気合を入れ直したら、スコアのことは忘れて、目の前の1打に集中しよう。

これまで調子がよかったのだ。自信を持ってクラブを振り切れば、ベストスコアの更新もコンペの優勝も、かならずや自分のものになるはずである！

6章

●意外に間違っている

「練習と練習場」

ムダなく上達する㊙奥義

練習前のゴルフ上達の常識

頭のいいゴルファー「正しいスイング」を知って練習している
頭の悪いゴルファー「でたらめ」をやりつづけ、ヘタを固める

シングルになるためにはトラック1台分のボールを打たなければならない――。ゴルフの世界で真実《まこと》しやかに語られてきた伝説である。

トラック1台分のボールがどれくらいの球数になるのかは知らないけれど、ボールをたくさん打たなければゴルフがうまくならないのは事実だ。

ただし、これはゴルフがうまくなるための〝必要条件〟であって、〝必要十分条件〟ではない。なぜなら、ゴルフの練習量と上達のスピードはかならずしも比例しないからである。

といっても、ゴルフがうまくなるための必要十分条件はべつにややこしいものではない。それは、
①正しいスイングを理解している
②正しいスイングを実践するための最良の練習法を実行している

のふたつしかないのだから。もうひとつ、ほんとうにゴルフがうまくなろうと思えば、コースマネジメントも含めたメンタル面の強化が必要になるけれど、ゴルフの〝技術〟を習得するだけならこのふたつでいい。

ところが、せっせと練習場に通っているアベレージゴルファーの99パーセントは、残念ながら①も②も満たしていない。

はたから見れば「そんなスイングじゃ、まともに当たるはずがない」スイングで、ひたすらボールを打ちつづけるだけの人のなんと多いことか。

まあ、ドライバーを何十球も打ちつづければ、何発かに一発はいい当たりは出るだろう。しかし、こんな練習はまったく意味がない。なぜなら、本番のラウンドでは、ドライバーをつづけて何十球も打ちつづけることはありえないからだ（OBのあと、もう一発ということはありますが）。

いや、いま「こんな練習はまったく意味がない」といったが、意味がないどころか、かえってゴルフが下手になることもある。「まともに当たるはずがないスイング」をくり返していると、いわゆる「下手を固める」ことになるからだ。

ゴルフがほんとうに上手くなりたければ、まずは「正しいスイング」を知ることである。そのためには〝正しく書かれたレッスン書〟を読むなり、〝正しいスイングをきちんと教えてくれるレッスンプロや上級者〟の教えを乞うなりしなければならない。さらに、身体の柔軟性や筋力を高めるなどの〝肉体改造〟が必要な場合もある。そうした〝投資〟もなしに、ひたすらボールを打つのは、はっきりいってお金と時間のムダ以外のなにものでもない。

たしかに、野球の世界には、イチローや野茂など〝自己流〟のやり方を貫徹することで、超一流になった選手はいる。もし、あなたにそういう希有《けう》な才能があるというのなら、この項で述べたことは撤回して謝ります。どうぞご自由に練習してくださいまし。

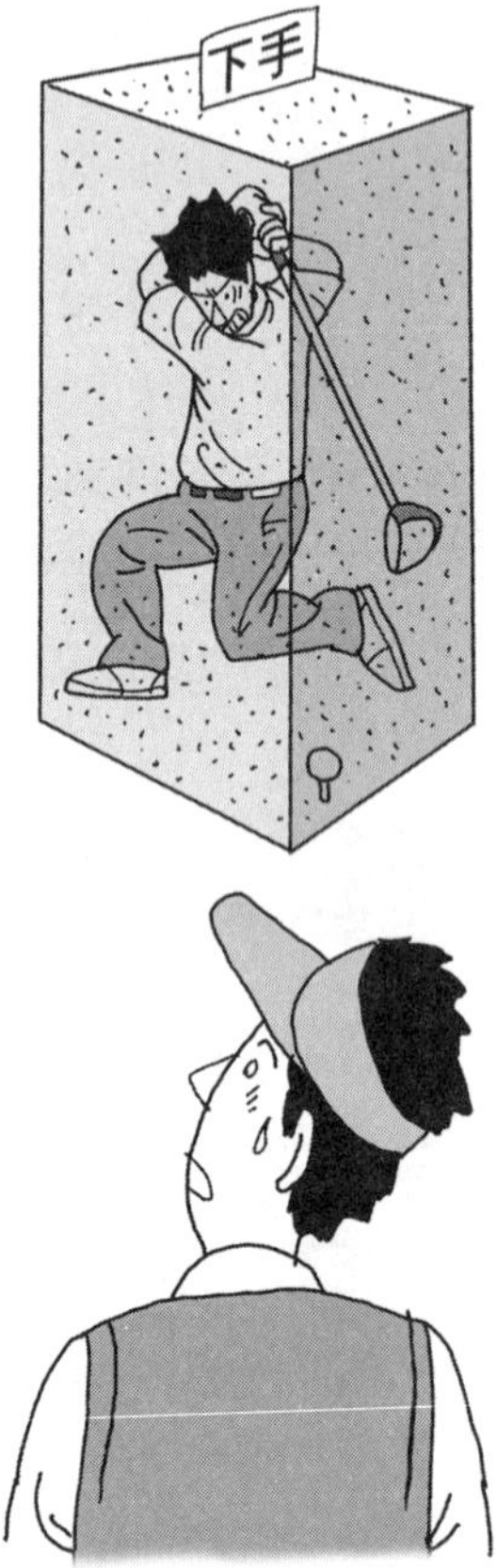

自己流で「ヘタを固めたら」直すのは大変。早めの修正を。

「テーマをもって」練習にのぞむ

頭のいいゴルファー　スイングをつくる練習と、ラウンドを意識した練習を区別する

頭の悪いゴルファー　いつも、すべてのクラブを同じくらいずつ打つ

〝正しいスイング〟を理解している人は、練習には、①〝正しいスイング〟を完成させるための練習と、②実際のラウンドでいいスコアを出すための練習のふたつがあることを知っている。

〝正しいスイング〟とは、ひと言でいえば、「クラブヘッドの軌道がつねにインパクトでスクエアになるよう一定しており、なおかつインパクトでクラブヘッドが加速しているようなスイング」ということになる。やれ「肩と両腕でできた三角形を崩すな」とか、やれ「ダウンスイングは下半身から始動せよ」とか、やれ「インパクトのとき、頭はボールの後ろにあるべき（ビハインド・ザ・ボール）」とかのアドバイスは、すべて〝正しいスイング〟を実現するためのパーツでしかない。

こういうと、これらのパーツを組み合わせれば〝正しいスイング〟が完成すると思われるかもしれない。たしかにそうともいえるが、事実は、ベン・ホーガンから

タイガー・ウッズまで、超一流のゴルファーたちのスイングを分解してみたら、おおむねそういう共通点があった、というものだろう。そして、それらの共通点を科学的に分析してみたら、なるほど理に適《かな》っていた、というのが真相なのだ。

①の練習をするためには、この順番の違いは頭に入れておいたほうがいい。パーツを意識しすぎると、全体がぎくしゃくする。まず、流れるようなスイングがあって、そこを細かく分析してみたら、トップやインパクト、フィニッシュはこうあるべきだということがわかってきた――そんなふうに理解しておけば、スイングのパーツばかりを気にして、全体が見えなくなるということはなくなるはずだ。

さらに、①の練習には、やはり〝第三者の目〟が必要だろう。よく練習場の鏡の前で、プロゴルファーの連続写真よろしく、スイングをいくつかのパーツに分けてスイングをしている人がいるけれど、意図してストップさせたスイングとわずか1～2秒で終わってしまう実際のスイングの1コマは明らかに違う。プロゴルファーのなかには、素振りやシャドースイングの途中でスイングを止めるのは、まったく意味がないという人もいる。

自分のスイングをチェックするという意味で効果的なのは、自分のスイングをビデオに撮る方法だ。ただし、実際の自分のスイングを見たとしても、どこが間違っており、どう修正すればいいのかがわからなければ意味がない。その意味で、やはり〝第三者の目〟は必要なのだ。

こうして〝正しいスイング〟を理解したうえで、それを自分のものにするためにはどんな練習が必要なのかを知ったら、あとは地道な練習をくり返すしかない。身体をやわらかくするためのストレッチやときには筋力トレーニングが必要な場合もあるだろう。こうして正しい動作を何度もくり返すことで、その動きを自分の脳と筋肉に記憶させていくわけだ。

具体的には、クラブを取っかえ引っかえ打つのではなく、9番アイアンなら9番アイアン、6番アイアンなら6番アイアンという具合に、一本のクラブをひたすら打ちつづける。その意味では、広い打ちっ放しの練習場より、ビルのなかにある狭い練習場（通称〝鳥カゴ〟）のほうが、スイングづくりの練習には適している。

はっきりいって、こういう練習は楽しくはないはずだ。広い練習場で、ドライバーをかっ飛ばしたいと思うのは人情だが、それはストレス解消にはなっても、スイングづくりには役立たない。いや、広い練習場で何発かに一発でもいい当たりが出ると、「これでいいのだ」と思ってしまうのがふつうのゴルファー。しかし、そのせいで上達できないゴルファーは世にごまんといるのである。

「スイング改造」の違和感

頭のいいゴルファー　違和感があるからこそ正しいスイングが身につくと考える

頭の悪いゴルファー　違和感があると、すぐにやめてしまう

長年、〝正しくないスイング〟をしてきたゴルファー（アベレージゴルファーの99パーセント）が、〝正しいスイング〟を自分のものにしようと一念発起。ティーチングプロの門を叩いたとする。

すると、彼はアドレスから始まって、トップの位置、フィニッシュの形まで、スイングのすべてを直すよう指摘されるはずだ。

「エッ、クラブはこんなに外側に上げなければならないわけ？」

「ウソ！　お尻をこんなに突き出したら、かえって打てないよ！」

と、最初のうちは強烈な違和感があるはずである。

しかし、違和感を感じるのも当然なのだ。

なぜなら、そういうゴルファーの脳は、長年やってきた自分の〝正しくないスイング〟を〝正しいスイング〟だと納得↓記憶してしまっているからである。

スイング改造というと大げさだが、とにかく〝正しくないスイング〟から〝正しいスイング〟に変えるということは、身体の動きを一から覚え直すということにほかならない。

そのためには、身体の柔軟性や筋力を高める必要も出てくるが、いちばんやっかいなのは、肉体にさまざまな指令を出している〝脳〟をどう説得するかということである。

スイング改造は、脳にインプットされているゴルフスイングについての間違ったOSをアンインストールして、正しいOSをインストールし直すようなものだ。

いや、パソコンなら「削除」をクリックすればいいだけだから簡単だが、人間の脳はもっとやっかい。人間の脳は、新しいOSに対して頑強に抵抗しようとする。

なぜなら、人間の脳にとって、それまでのやり方はそれなりに快適だったからだ。

この「快適」というのが曲者《くせもの》で、そこにはじつは〝肉体的手抜き〟も含まれている。ほんとうはもっと上体をねじらなければならないのに、それをやると苦しいので、脳は「ま、この程度でいいだろう」と、肉体に手抜きを命じているのだ。

ゴルファー当人は、そのスイングが気に食わず、なんとかしたいと思っていても、脳はそれでいいと思っている。脳は、とても保守的なのだ。

スイング改造というのは、だから自分の脳との戦いになる。おおげさにいえば、洗脳に近いといえばいいか。

プロゴルファーも、自分のスイングをより理想に近づけようと、しばしばスイング改造に挑む。私たちアマチュアから見れば、改造前と改造後のスイングはほとんど変わらないように見えるが、プロゴルファーのように一度完成されたスイングの持ち主が自分のスイングを変えるのは大変な難事業。たとえばスイングプレーン*を1〜2度フラットにするだけでも、プロゴルファーはシーズンオフをすべてついやしたり、ときには2〜3年かかることも珍しくない。

プロとは次元が違うけれど、私たちもスイング改造には、最初違和感があり、それをものにするためにはかなりの時間がかかると覚悟したほうがいい。そういう覚悟がないと、違和感を感じるや、すぐに元のスイングに戻ってしまう。

しかし、正しいスイングの感覚が自分のものになってくると、しだいに違和感は感じなくなり、やがては違和感が快感に変わってくる。身体がスムーズに回転して、バランスを崩すことなくフィニッシュがピタリと決まるのだ。

「ああ〝正しいスイング〟とは、こんなに気持ちがいいものなのだ」——そう思えるまではじっと我慢である。

＊スイングプレーン＝クラブヘッドの軌道。

プロのスイングの「連続写真」は危険

頭のいいゴルファー 真似していいのは、アドレスとトップとフィニッシュだけ
頭の悪いゴルファー すべてを真似しようとしてズタズタになる

ゴルフ雑誌には、一流プロのスイングをコマ送りしたような連続写真がしばしば掲載される。ゴルファーのなかには、これを〝正しいスイング〟の見本として参考にしている人も多いはずだ。

アドレスからフィニッシュまで、全部で10コマほどに分割されたスイング写真は、たしかに参考にすべき点が多い。

安定したアドレス、トップまで微動だにしない頭、十分にひねられた上半身、トップで地面と平行になるシャフト、インパクト寸前までほどけないコック、インパクトのときボールの後ろにある頭、完全に両肩が回りきり、体重が左に乗ったままスッと立っているフィニッシュ……。

どれもが素晴らしく、〝正しいスイング〟とは〝美しいスイング〟〝カッコいいスイング〟でもあることがあらためて実感できる。

ただ、これらの連続写真で、私たちアマチュアが真似していいのは、セットアップの構えとトップ、そしてフィニッシュの3つだけにしたほうがいい。器用な人でも、せいぜいハーフウエイバック（バックスイングで、クラブが地面と水平になるポイント）とインパクトを加えれば十分である。

逆に、絶対に真似していけないのは、ダウンスイングからインパクトにかけてのいわゆる〝タメ〟の部分だ。

先行する下半身、しかし開かない肩、そしてインパクトぎりぎりまでほどかれないコック――この〝タメ〟こそ飛距離を出すための最大のポイントなのだが、アベレージゴルファーが〝タメ〟を意識しようとしてスイングすると、まずダフるか、振り遅れの原因になる。振り遅れのままならスライス、振り遅れをインパクトで取り戻そうとすれば（腕を早く振ろうとすれば）フックが出てしまう。

なるほど〝タメ〟の部分は、スイングの核心であり、少しゴルフがわかってきたアベレージゴルファーにとっては、いちばん真似したい部分かもしれない。しかしこの部分は形だけを真似してもなかなか自分のものにはならない。いや、実際は形だけ真似することさえむずかしいのだ。

〝タメ〟をつくるためには、鋭い腰の回転とそれができる股関節のやわらかさ、さらにいえば内転筋《ないてんきん》などの下半身の筋肉や腹筋と背筋の強さも必要になる。そして、なにより下半身と上半身の動きの時間差、つまりタイミングを体得することが必要になる。アマチュアで〝タメ〟ができれば、飛距離は250ヤードは優に出るはずだし、確実にシングルになれるといわれるほどだ。

一流プロのスイングを真似るなら、まずはセットアップの構えである。そして、プロセスは無視して、トップとフィニッシュの形を真似してみる。これらはスイングのなかでは静止に近いポイントだから真似しやすい（厳密にいえばトップで身体は静止していない。クラブがトップに到達するまえに、下半身は動きだしている）。

ただし、絶対に手でクラブをトップやフィニッシュの位置に持っていこうとしないこと。あくまで身体の回転でその位置にクラブを持っていくのだ。

好きなゴルファーのセットアップの構え→トップ→フィニッシュの形だけを真似していうちに、そういうトップやフィニッシュが自然に決まるためには、どんな身体の動きをすればいいのかが少しずつわかってくる。

最初と最後が決まれば、中間も自然に決まってくると楽観的に考えよう。なにせゴルフのスイングは1～2秒で終わる。最初と最後はいいが、中間はダメとはなかなかならないものなのだ。

「スランプ」になったときの練習法

頭のいいゴルファー　まずはセットアップの構えをチェックする

頭の悪いゴルファー　がむしゃらにスイングして〝好調〟を取り戻そうとする

ゴルフというスポーツは、上達するには相当な時間がかかるものだが、下手になるのに時間はかからない。

かつてタイガー・ウッズを抑えて世界ランク1位に君臨したデイビット・デュバルが、わずか数年で世界ランクの300番台にまで低迷したのは有名な話。アマチュアゴルファーでも、先月までは絶好調で80台や70台を連発していたのに、月がかわったら突然90が切れなくなった――ということがざらにある。

こんなときは、誰しも自分のスイングに原因があると考え、トップの位置や体重移動のタイミングなど、自分のスイングをあれこれいじりたくなるものだ。しかし、その前にやるべきことがある。それは「セットアップの構えをチェックする」ということである。

スタンスの幅、上半身の前傾角度（股関節の角度）、猫背になっていないか、右肩の下げ具合、膝の曲げ具合、グリップの位置（身体からの距離）、ボールの位置、フェイスの向きとシャフトの角度（どれくらいハンドファーストに構えるか）、ボールを見るときの目線、アゴの位置……。

これら、実際のスイングを始めるまえの〝決め事〟に微妙に狂いがあると、それだけでナイスショットは生まれない。で、アマチュアの場合は、ちょっとしたことでこれらが狂いやすく、それが不調の原因という場合が少なくないのである。

たとえば、ボールのつかまりが悪くなると、無意識のうちにボールに近づいたり、ボールを右に置きやすくなる。すると、一時的にはボールがつかまるのだが、スイング自体は〝正しいスイング〟から遠ざかっていく。そして、それに気がつかないままボールを打ちつづけていると、やがては重症のスランプに陥るのだ。

じつはセットアップの構えというのは、スイング以上に大切で、ジャック・ニクラスは、「ナイスショットできるかどうかは、9割方セットアップにかかっている」といっているほど。ティーチングプロの多くも、アマチュアゴルファーの腕前は、セットアップの構えを見ただけでわかるといっている。

考えてみればそれも当然で、たとえばターゲットを向いていないのに、当人は向いているつもりで打っている人が大勢いる。しかし、これでは本来、狙ったところに飛ぶはずがない。もしそれでも狙ったところに飛んだのなら、それは無意識のうちにスイングをアジャストしているわけで、わざわざむずかしい打ち方をしていることになる。これでは、ナイスショットの再現性が高まるはずもなく、いずれ化けの皮がはがれてしまう。

正しいセットアップの構えは、ゴルファーの体格によって違ってくる。あなたも、プロや上級者に〝自分なりの正しい構え〟をチェックしてもらうといい。それだけでスイングがぐっとよくなり、見違えるようなボールが打てるようになることも多いのだ。

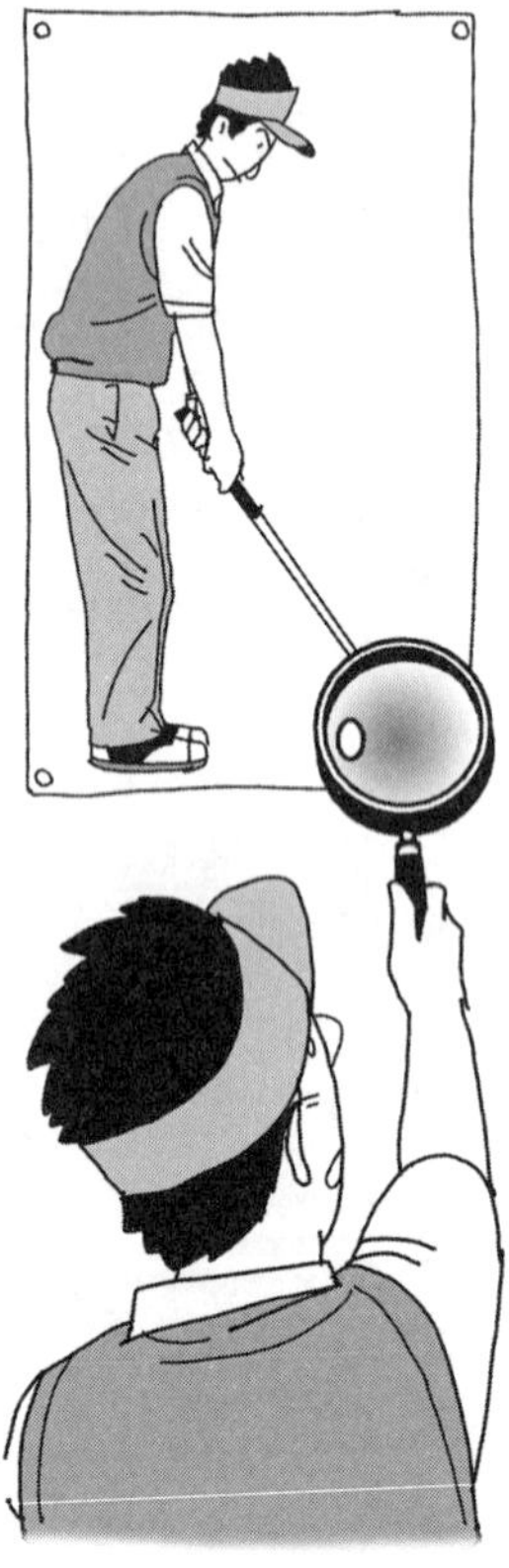

不調を感じたら、セットアップを確認。ボールの位置を修正してスランプ脱出する例は多い。

「練習器具」に頼っていいか

頭のいいゴルファー　練習テーマによって、積極的にいろいろ試す

頭の悪いゴルファー　練習場で試すのは恥ずかしいからやらない

前に「スイング改造は脳との戦い」だといった。たとえば、ほとんどのアベレージゴルファーがやっている「手打ち」。

脳がいったんボールを「手打ち」することを覚えてしまうと、どんなに「手打ちはしない！」「身体を回すだけ」「手や腕はないと思って打つ」「腕は振るのではなく、振られる」などと念じながらスイングしても、なかなかそのとおりに身体は動いてくれないものだ。手や腕は、じつに器用にできているため、ついやらなくていいことまでやってしまうのである。

「手打ち」が簡単に直らないのは、長年にわたって器用な手を使ってきたからというだけでなく、たまには「手打ち」でうまくいくことがあったからでもある。人間の脳は、自分の身体にしみついた動きがもたらす〝偶然の成功体験〟を過大に評価する傾向があるのだ。

しかし、スイングが未完成の段階でのナイスショットは、あくまで〝たまたま〟。それで満足しているようでは、残念ながら進歩はない。

さて、頑固な脳を洗脳するためには、ときには〝矯正器具〟を使うのもいい。脳がある動作をせよと命じても、その動作ができないような器具を使うのである。

じつは、ここ数年、ゴルフの世界では優れた練習器具がたくさん開発されている。優れた練習器具とは、要は「間違ったスイングをやろうと思ってもできなくさせる矯正器具」のこと。本気でスイングをよくしたいと思っているゴルファーなら、使わない手はない。

たとえば、セットアップでつくった両腕の角度や間隔をスイングの途中で変えようとすると、うまくスイングできない練習器具がある。これを使えば、手打ちをしようとしてもできないのだ。

あるいは、つい力んでフィニッシュでバランスを崩してしまうゴルファーは、バランスディスクの上でスイングしてみるといい（バランスディスクは、平たい円盤状の器具。なかに空気を入れることで足元が不安定になる）。そうすると、いかに自分が上半身だけでスイングしていたか、下半身の安定感が足りなかったか、ということがよくわかるはずだ。

そういう練習器具を貰うのがもったいないというのなら、ヘッドカバーを両脇に挟んでスイングする、両方の二の腕が身体から離れないようチューブで縛ってスイングする、平均台くらいの幅の板の上でスイングする、などの練習法もある。

さまざまな練習器具や手近なものを使った練習方法は、このほかにもたくさんあり、ゴルフ雑誌やゴルフ関係のサイトでも紹介されている。だからご存じの人も多いはずなのだが、不思議なことに、練習場でこれらの器具を使って練習している人はめったに見かけない。せいぜい、練習の前に特殊な棒やバットで素振りをする人がたまにいるくらいだ。

想像するに、ふつうのゴルファーはこうした練習器具を使って練習することに、どこか照れがあるのだろう。しかし、そうだとすれば、これは勘違いもはなはだしい。片山晋呉やビジェイ・シンなど、一流プロのなかには、こうした練習器具を積極的に導入しているゴルファーが少なくない。スイングができあがっているはずのプロでさえそうなのだ。私たちアマの場合はいうまでもない。ゴルフにいいものなら、どんどん取り入れる――ゴルフ上達のためには、そんな貪欲《どんよく》さも必要なのだ。

練習器具は単調になりがちな練習に変化をもたらしてくれる。そういう意味でもおすすめである。

「本番」を想定した賢い練習①

頭のいいゴルファー　1球毎に、ターゲットやクラブを換える
頭の悪いゴルファー　同じクラブで、同じところを狙い続ける

〝正しいスイング〟を身につけるための練習についていろいろ述べてきたが、ここからは実際のラウンドを想定した練習の方法について紹介していこう。

スポーツの世界では「練習は本番のつもりで、本番は練習のつもりで」とよくいう。「練習は本番のつもりで真剣にやらないと意味がない。しかし、本番は練習のつもりで臨むくらいのほうがリラックスできて好結果につながる」というわけだ。

ゴルフについても、同じことがいえる。よく〝練習場シングル〟とあだ名されるゴルファーがいる。練習場ではシングル並みのいいボールが打てるのに、コースでは全然ダメというゴルファーのことだ。

練習場シングルに限らず、「なぜコースでは、練習場のようなボールが打てないのか？」と悩んでいるゴルファーは山のようにいるものだが、それは、ひとえに「本番のつもり」で練習をしていないからなのである。

ここで、練習場とコースの違いを列挙してみよう。

	「練習場」	「コース」
・条件	同じクラブでつづけて打てる	1回しか打てない
・ライ	マット	芝、ラフ、土
・傾斜	平ら	複雑
・風景	いつも同じ	いつも違う
・心理	プレッシャーなし	プレッシャーあり

このほか、風や雨などの気象条件が違うし、細かいことをいえばボールの品質も違う（練習用ボールは、飛ばないし上がらない。だから、無理にボールを上げようとするとスイングを崩すもとになる）。

これだけ練習と本番の練習環境が違うスポーツも珍しいが、そうであれば、なおのことゴルフでは練習を本番に近づける工夫が必要になることはいうまでもない。

まず「条件」について。練習場シングルがもっとも錯覚しやすいのがこれだ。誰でもとまではいわないけれど、同じクラブで何球も打っていれば、しだいにタイミングがあってきてナイスショットが出るようになるのは当然の話。ところが練習場シングルのなかには、それを実力だと錯覚している人が多い。

本番を想定するのなら、一球一球、クラブを換え、狙いどころを変えるべき。仮にクラブは換えなくとも、狙いどころは少しずつ変えないと（当然、アドレスの向きも変える）、効果的な練習にはならない。それで思ったようなボールが出なければ、コースでも同じ。いや、そういう練習をやって、8割がた狙ったところに飛ぶようになったとしても、実際のコースでは、その半分の確率だと思ったほうがいい。

「ライ」と「傾斜」を練習場で再現するのはちょっとむずかしいが、方法がないわけではない。ひとつは、ボールをマットの右端に置く。少しでもダフるとマットがめくれあがってしまうから、悪いライから打つ練習になる。同じ意味で、通常の練習マットの上からではなく（ダフッても、ソールが滑ってくれるのでミスと気づかない人もいる）、足場用の硬いマットの上からボールを打つという方法もある。

また、さまざまな「傾斜」も、ボールを踏むことで練習場で再現できる。

・両足のかかとでボールを踏んで打つ→つま先下がりのライ
・両足のつま先でボールを踏んで打つ→つま先上がりのライ
・右足でボールを踏んで打つ→左足下がりのライ
・左足でボールを踏んで打つ→左足上がりのライ

このほか、マットの下にボールを入れることで、マット自体の傾斜を自在に変えることもできる。

「風景」は、ホームコースでも記憶に残っているコースでもいい（オーガスタでもいい）。とにかく、狙いを定めるときに、実際のコースをイメージすることだ。そうすると、練習場のグリーンの右側は池、左側はバンカーのような配置がイメージできるはず。つまり、絶対に打ってはならないポイントがイメージできるわけで、本番さながらのプレッシャーのなかで練習ができる。友人と練習に出かけたときは、そうやって18ホールを〝仮想ラウンド〟し、スコアを争うのも面白い。

また、練習場の1階と2階、右端と左端では「風景」が違うから、いろんな打席で練習するのもいい。

ゴルファーのなかには、「打席は一階の真ん中がベスト」だと思い込んでいる人が多いけれど、いつも1階の打席で練習していると、ボールを上げようとするスイングが身についてしまうこともある。

また、スライサーは、打席のすぐ左側にネットがある左端の打席を嫌う傾向があるが、あえて左端の打席から打つことで、スライスを矯正することもできる。

「精神」は、友人との競争のほか、あえて練習場でもっとも目立つ席で練習するというのも手だ。また、1球ごとに「朝イチだから慎重に」とか、「ここでグリーンに乗せれば、ベストスコア」、「月例会で優勝」などと言い聞かせて、自分で自分にプレッシャーをかけてみるのもいいだろう。

こうして本番を想定した練習をしていると、練習それ自体が楽しくなってくるはずだ。同じクラブで何十球も打ちつづける——ゴルフにはそういう単調な練習もときに必要だが、練習時間が限られるアマチュアは、効率よくスコアアップにつながる練習を工夫することだ。

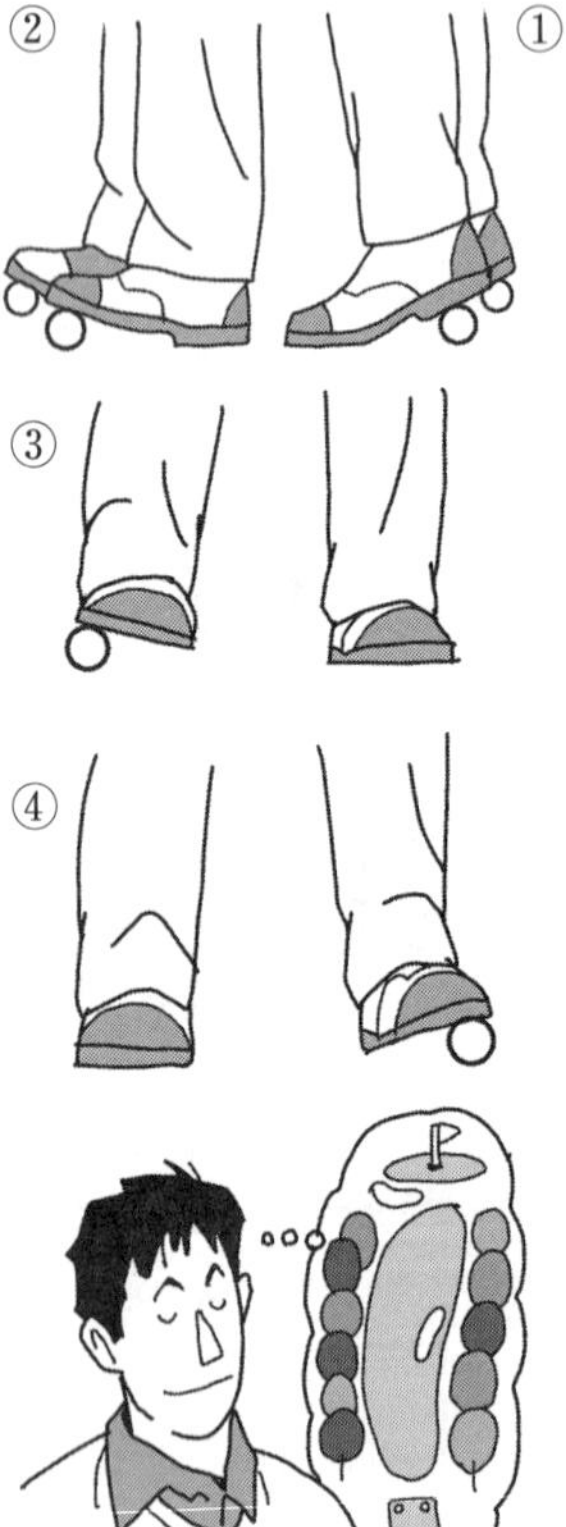

ボールを踏んでさまざまな傾斜のライを再現する。①つま先下がりのライ　②つま先上がり　③左足下がり　④左足上がり

「本番」を想定した賢い練習②

頭のいいゴルファー 「飛ばさずに曲げる」練習をしておく
頭の悪いゴルファー 「飛んで曲がらない」練習ばかりする

ドライバーショットの理想が「飛んで曲がらない」であることはいうまでもない。だから、練習場でも「飛んで曲がらない」ボールが打てるよう、みなせっせと練習している。しかし、実際のコースで「飛んで曲がらない」ボールをコンスタントに打てる人はめったにいない。プロゴルファーでも、ティーショットのフェアウエイキープ率は平均すると5割程度（6割台ならトップクラス）しかない。

「だから、飛んで曲がらないように練習するんじゃないか！」

たしかにそのとおりである。

しかし、プロゴルファーは、どんなに練習しても、実際のラウンドではボールが曲がってしまう現実を知っている。なぜなら、実際のラウンドでは、どうしてもプレッシャーがかかるからだ。風景によるプレッシャー、優勝争いをしているプレッシャー、予選落ちすまいとするプレッシャー……。

プレッシャーの理由はさまざまだが、ともかくプレッシャーがかかると人間の身体はかたくなったり、打ち急いだりする。これはゴルファーの宿命のようなもので、とにかくそうなると、クラブヘッドの軌道が微妙にズレ、ボールにスクエアにヒットしなくなる。すると、ボールにサイドスピンがかかり、曲がるというわけだ。

プロでさえそうなのだから、私たちアマチュアのボールが曲がるのも当然だが、ではそこでプロはどうするか？

ひとつは〝飛ばさない練習〟をするのだ。ドライバーをマン振りすれば300ヤード飛ぶところを、7割の力で260ヤード飛ばす練習をする。そうすれば、曲がっても、マン振りしたときほど曲がり具合が少ない。実戦で〝7割ショット〟が打てれば、曲がってもOBゾーンには届かないという計算ができる。つまり、ドライバーを〝飛ばさない練習〟は、コースマネジメンの鍵になるのだ。

これがアイアンショットになると、いっそう〝飛ばさない練習〟が必要になる。

アベレージゴルファーが、アイアンで距離をコントロールするのは、100ヤード以内のアプローチのときくらいだが、プロは、たとえば9番アイアンで、60ヤードから140ヤードくらいまでの距離を打ち分ける練習をよくする。60ヤードならSWでもよさそうなものだが、実戦では、低いボールを打たなければならないときや、ボールのライのせいでフルショットできるクラブが使えないことが多い。だから、1本のクラブで2～3番手下の距離が打てるよう練習しておく。アイアンは〝飛ばすクラブ〟ではなく〝狙ったところにボールを運ぶクラブ〟であることを考えれば、絶対に必要な練習といえる。

もうひとつの練習は、〝曲げる練習〟である。

ドライバーショットの半分は曲がるのだ。であれば、最初から曲げるつもりでスイングしたほうが、かえってフェアウエイキープ率が上がるという発想である。

プロでもアマでも、ゴルファーは、かならずフェード（スライス）系の持ち球の人と、ドロー（フック）系の持ち球の人に分かれるものだ。ストレートが持ち球という人は厳密にはいないもので、ゴルファーの体型やスイングの癖によって、かならずフェードかドローに分かれる（逆にいえば、それくらいボールをまっすぐ飛ばすことはむずかしいということでもある）。

〝曲げる練習〟とは、その自分の持ち球に磨きをかけるということ。具体的にいえば、〝曲がり幅〟をコントロールする練習をするということになる。いかにもむずかしそうだが、この練習はまっすぐ飛ばす練習よりはるかに簡単である。

たとえばフェード系の人がストレートボールやドローボールを打つのはむずかし

いけれど、〝スライスに近いフェード〟や〝ストレートに近いフェード〟なら、スタンスの向きを少し変えるだけで簡単に打ち分けられるはずだ。

フェード加減がコントロールできるようになると、フェアウエイが広く使える。たとえばフェアウエイの幅が20ヤードというホールの場合、ストレートボールで真ん中を狙うと、左右に10ヤード以上曲がるとラフに捕まってしまう。しかし、最初からフェードボールを打つつもりで左のラフを狙えば、20ヤード曲がっても、フェアウエイの右に残るというわけだ。

〝曲げる練習〟は、実戦を想定すれば、アイアンでもやる価値がある。いうまでもなく、実際のラウンドでは、ストレートボールでは木や枝が邪魔になったり、あるいは強烈な横風が吹いていたりして、グリーンを狙えないケースがあるからだ。

基本的な打ち分け方は、フェードはオープンスタンス、ドローはクローズスタンスに構え、クラブヘッドはどちらも目標方向に向ける。あとは、スタンスなりにクラブを振り抜くだけだ（フェードはアウトサイドイン、ドローはインサイドアウトの軌道になる）。

ロフトが小さなクラブほどフェードが打ちやすく、大きいクラブほどドローが打ちやすい。そんなことも覚えておくと、実戦でボールを曲げなければならないときに役立つはずだ。

〝曲げる練習〟にはオマケもある。それは、曲げる練習をしていると、「どうすればストレートに近いボールが打てるか」ということがだんだんわかってくるということ。つまり、〝正しいスイング〟の正体が見えてくるのだ。それに、〝曲げる練習〟をしていると、練習自体が楽しくなるということも大きい。

ゴルファーにとって「ボールを自在にコントロールすること」は、ひとつの大きな目標のはず。うまくボールが曲げられたとき、ゴルファーはその究極の目標に一歩近づいたような喜びを感じるはずだ。

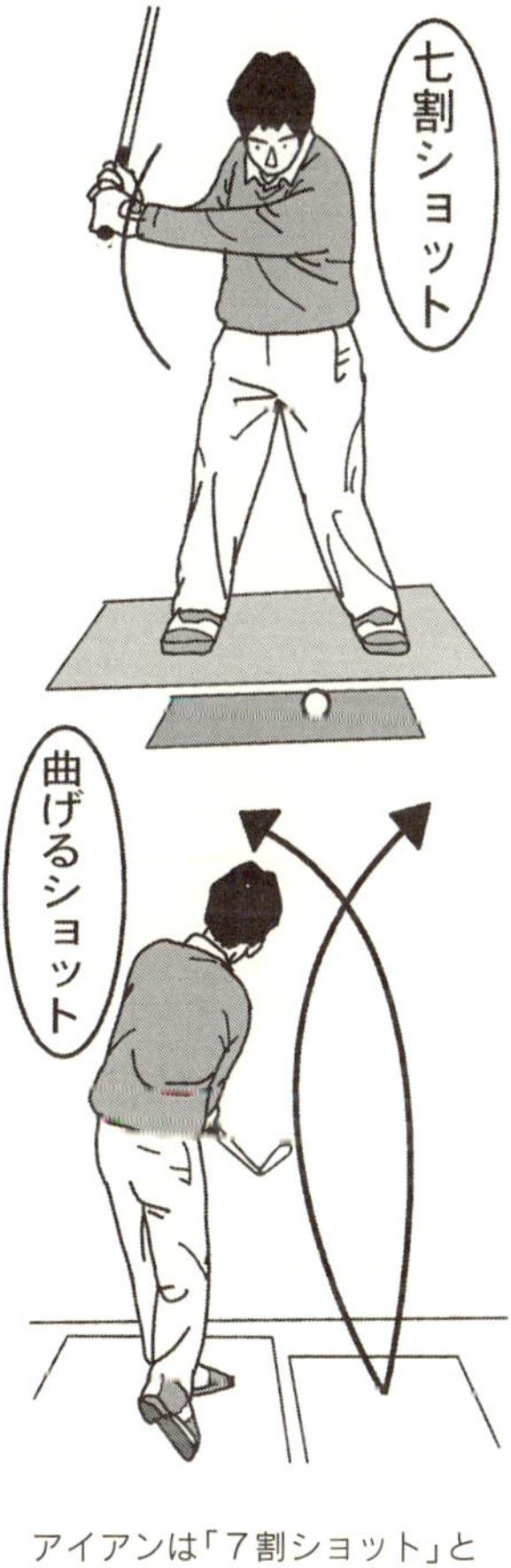

アイアンは「７割ショット」と
「曲げるショット」も練習する。

「ラウンド後」で大きく差がつく

頭のいいゴルファー　ラウンドの「内容」を細かく記録しておく

頭の悪いゴルファー　ラウンドの「スコア」だけを記録しておく

プロのトーナメントでは、キャディと選手はショットの前にメモを見ながら攻め方を考える。あのメモ、ピンの位置とピンまでの残り距離がわかる数字が書いてあるだけだと思っている人が多そうだが、それは最低限のデータでしかない。実際はそれらの数字に加えて、練習ラウンドを含めたこれまでのラウンドの〝内容〟がすべて記されていることが多いのだ。

たとえば、ティーショットの飛距離と位置、セカンドの残り距離と使用したクラブ、そのときの風、グリーンに乗った位置、パットの残り距離、ファーストパットの止まった位置とラインなど、そのメモを見れば、そのホールでこれまで自分がどんな内容のゴルフをしたかがひと目でわかるようになっている。

もちろんそれは、それらのデータがそのホールの攻略に役立つからだ。しかし、こうしたデータは、その試合に役立つだけではない。1ラウンドごとのデータを蓄積していけば、自分の弱点が見えてくる。自分の弱点が見えてくれば、シーズンオフの課題がわかる。つまり、1ラウンドごとのデータは、ゴルファーとして成長するための貴重な指針になるというわけだ。

同じことはアマチュアゴルファーにもいえる。私たちは、「ティーショットが右にプッシュしやすい」とか「ショートパットをひっかけやすい」、「上がり3ホールでスコアが乱れる」など、自分が犯しやすいミスや弱点を知っているつもりになっているけれど、それはあくまで〝印象〟でしかない場合が多い。

しかし、ラウンド毎に、ゴルフの内容をプロゴルファーのメモのように細かく記録していけば、それは〝印象〟ではなく、明確なデータになる。そして、そのデータは、そのゴルファーを成長させるもとになってくれるのだ。

ラウンドの記録といえば、スコアカードだけは残しておくという人も多いはずだが、そこには「5」とか「4」とかいう数字が残っているだけで、ゴルフの内容まで思い出せる人は少ないだろう。しかし、これはちょっともったいない話だ。過去のラウンドが、その内容までありありと思い出すことができれば、目標云々《うんぬん》は別にして、それだけでも楽しいものなのだから。

最近は、パソコンにラウンドの内容を細かく記録しておける無料ソフトがけっこう出回っている。そこにホール毎のスコアやパット数、フェアウエイをキープしたかどうかなどの結果を入力していくと、自動的にフェアウエイキープ率やサンドセーブ率など、プロゴルファーのようなスタッツ（部門別成績表）がわかる仕組みになっているものが多い。

1年の終わりに、そうしたデータを見ながら、その年の自分のゴルフをふり返ってみるのも悪くない。そして、来年は「フェアウエイキープ率をあと10パーセント高めよう」とか「平均パット数を1・0減らそう」などという目標を立ててみる。ゴルファーならではの密やかな楽しみである。

ゴルフは「日常」がものをいう

頭のいいゴルファー　1日1回、数分だけでも、ゴルフのことを考える

頭の悪いゴルファー　コンペの前日だけ、ゴルフのことを考える

こんな話がある。

30歳でゴルフを始めたその奥さんは、いいコーチと出会ったこともあって、徐々

にゴルフにハマり、8年後には日刊アマの全国大会にも出場するほどの腕前になった。ところが、その旦那さんが笑っていうことには、「晩飯の後片付けをしている最中に、彼女はフッと30分ほどいなくなることがあるんだよ。なんでも、突然、スイングのことで何かがひらめいて、どうしてもそれを確かめてみたくなるらしい。で、エプロン脱いで、近所の練習場に出かけるというわけさ」。

この話を聞いて、「そこまでハマるか」と呆れた人は、残念ながらゴルフはうまくならないだろう。苦笑いしながら、「その気持ちワカル」と思った人は、大丈夫、まだまだゴルフはうまくなるはずだ。

まあ、なんでもそうなのだが、スポーツでも囲碁・将棋でも釣りでもパチンコでも、ひとつのことに夢中になり、そこそこの腕前になりたいと思う人は、少なくとも1日1回は、そのひとつのことについて考えるものだ。

あなたも、直近のラウンドのことを思い出して「なぜ、あんないいライからコスリ球がでたのか?」とその原因を考えるとか、電車の吊り革につかまりながら、ふと体重移動のコツがひらめいたりすることはないだろうか。

もしそうなら、それは、あなたの頭のなかにつねにゴルフがあるという証拠。で、そういう人は、かならずゴルフがうまくなるのだ。なぜなら、ゴルフは身体を使うだけでなく、頭もたくさん使うスポーツだからだ。

ゴルフはふつうの球技と違って、反射神経を必要とされるような〝瞬間的な動き〟はあまり重要ではない。その意味でいえば、ゴルフは静的なスポーツであり、〝型〟が大切になる。〝瞬間的な動き〟は考えてもなかなか上達しないが、〝型〟のスポーツであるゴルフは、その〝型〟を考えることは即、上達につながる。

その意味で、ゴルフでは、いわば〝ゴルフ頭〟とでもいうべきものが重要で、そのゴルフ頭を鍛えるためには、日々、ゴルフのことを考えるのがいちばんなのだ。

そんなことをしていたら仕事に差し障《さわ》る、という人もいそうである。しかし、プロゴルファーのように四六時中ゴルフのことだけを考えよといっているわけではない。ちょっとした空き時間に、一瞬でもいいからゴルフのことを考えてみる。それだけでいいのだ。飲み屋でゴルフ仲間とゴルフ談議をするのも大いに結構。相手が上級者なら、きっとゴルフがうまくなるヒントがつかめるはずだ。

何かひらめくものがあれば、帰宅して2〜3回シャドウスイングをしたり、パターを握ってみる。まわりに人がいなければ、駅のホームで傘を振ってみたっていい（恥ずかしいでしょうが）。そんなちょっとしたことが、あなたの〝ゴルフ脳〟を活性化させ、ひいてはゴルフの腕前も上げてくれるのである。

7章
●やはり、こだわりたい
「道具」後悔しない最適選択術

ドライバーは何を基準に選ぶ?

頭のいいゴルファー 振り切れる範囲で重いものを選ぶ
頭の悪いゴルファー 軽いものを選んでビュンビュン振る

ゴルフは道具でうまくなる——。こんなことをいうと、かならず「道具じゃない、技術だ」という上級者の声が聞こえてくるのだが、ゴルフが道具でうまくなるというのはけっして嘘ではない。

上司のお下がりのクラブを使っていたゴルファーが、自分の体型やヘッドスピードに合ったクラブに買い替えたところ、スイングが見違えるほどよくなったという話は珍しくない。〝正しいスイング〟をするためには〝自分に合ったクラブ〟を使うことが大前提。〝自分に合っていないクラブ〟でいくら練習をしても時間のムダ、どころか身体を痛めることもある。

というわけで、この章では、頭がいいゴルファーのゴルフ道具の選び方について、その重要ポイントを紹介していくことにしよう。

最初はドライバー。ドライバー選びで最初の目安になるのは総重量である。現在、アベレージゴルファー向けのドライバーの総重量は２９０グラム前後が主流。プロ・上級者向けで３２０〜３３０グラムくらいだ。ひと昔以上まえ、すべてのゴルファーがパーシモンヘッドにスチールシャフトというドライバーを使っていた頃、その総重量は３５０グラム以上あったから、いまどきのドライバーは30〜60グラムも軽くなったことになる。

なぜ、かくも軽くなったかといえば、理由は簡単。軽いほうがヘッドスピードが速くなる、つまり飛ぶからだ。

とくに重いドライバーから軽いドライバーに買い替えた直後は、「こんなに軽くていいの？」「でもビュンビュン振れるぞ！」というわけで、飛距離が伸びるゴルファーが圧倒的に多い。当人は大満足なのだが、ところがどうしたわけかしだいに飛距離が元に戻ってくる。しかも、大きく曲がり始めるのだ。

理由は〝手打ち〟にある。クラブが軽いため、つい手でヒョイとクラブを振り上げてしまうようになったのだ。ラクな道具を使うと、人間は無意識のうちに身体もラクをしようとする。昔から、クラブ選びの基本はウッドもアイアンも「振り切れる範囲で重いものを」といわれているが、これは手打ちをさせないという意味で、じつに的を射た言葉なのだ（ただし、18ホール、そのクラブが振り切れるだけの体力があるかどうかも考える必要はありますし)。

　では、どれくらいの重さならいいのか？　ドライバーのヘッドスピードでみると、次のようになる。
・40m／s……295グラム前後
・43m／s……305グラム前後
・46m／s……315グラム前後
なお、この目安は、シャフトの長さが45インチの場合。これより長尺だと、同じ重量のクラブでも重く感じるから、長尺クラブの場合は、この目安より5グラムほど軽くてもいい。

シャフトは「S」か「R」か？

頭のいいゴルファー　「硬さ」「トルク」「調子」を目安に、試打で判断

頭の悪いゴルファー　見栄を張って、より硬い「S」を選ぶ

ゴルファーにとって、ドライバーのシャフトが「S」か「R」か、というのは、

かなり気になるものらしい。シャフトには、ご存じのように「X」「S」「SR」「R」のような、硬さを示す記号がついている。で、「X」や「S」などの硬いシャフトを使っているゴルファーはパワーがあり、「SR」や「R」はパワーがないということになっている。

そこで、ゴルファーには、「S」か「R」で迷ったときは、つい見栄をはって「S」を選ぶ人が少なくないのだが、じつはヘッドスピードが40m／sのアベレージゴルファーなら、「R」のほうが飛ぶのである。

「S」「R」などの表記には、じつは標準規格がなく、各メーカーが勝手につけている。それでも各メーカーは「S」ならヘッドスピードが43～46m／s、「R」なら40m／sのゴルファーを想定して、そのヘッドスピードにもっとも適した硬さを設定しているから、ここは素直に自分のヘッドスピードに従ったものを選ぶことだ。

反対に、パワーがあり、ヘッドスピードも速いゴルファーがやわらかいシャフトのクラブを使うと、スイング中にシャフトがしなりすぎてタイミングがとりづらくなる。それでも、慣れてしまえば「S」より飛ぶといわれる。

シャフトの性質を示す目安には、「トルク」もある。トルクとは、「ねじれ具合」を示す数値で、トルクが小さいほど、そのシャフトは硬く感じる。だから、ふつうは「R」より「S」のほうがトルクが小さくなっている。

プロや上級者が低トルク（3以下）の硬いシャフトを好むのは、彼らのスイングテンポが速いからだ。それにはクラブがシャープに振れて、インパクト時にヘッドがブレにくい低トルクの硬いシャフトが向いている。また、シャフトが硬いと打感が手に伝わりやすい。つまり、それだけ自分の意思がクラブに伝わりやすいということもある。

逆にいえば、トルクの多いシャフトは、鈍感なぶん、ミスショットに強いともいえる。スイングテンポがふつうのゴルファーで、トルクは4、ゆったりと振るゴルファーなら5以上が適当だろう。

シャフトの性質を示す目安には、「調子」というのもある。これは、インパクトのとき、シャフトのどの部分がいちばんしなるかを示すもの。「先調子」は先端部分がやわらかいため、インパクトのときに先端部分がよくしなるし、「手元調子」は「先調子」ほど先端部分がしならない。「中調子」はその中間ということになる。

一般に「先調子」のシャフトは、インパクト時のしなり戻りでヘッドが上を向きやすいため、ボールがよく上がる。ボールが上がりにくく、そのために飛距離がでないというアベレージゴルファー向きのシャフトといえる。しかし、パワーのあるゴルファーが「先調子」のシャフトを使うと、インパクトでヘッドが暴れすぎることが多く、そういう人は「手元調子」のシャフトのほうが向いている。

最近は、最新のドライバーを購入しても、純正シャフトが合わないと、シャフトだけ交換する（リシャフト）するゴルファーがふえている。それだけ、アマチュアゴルファーのあいだでも、シャフトがドライバーの飛距離や方向性に与える影響が大きいことが実感されているのだ。

これまでの話を総合すると――

・ヘッドスピードが遅い……R　高トルク　先調子
・ヘッドスピードが普通……SR　中トルク　中調子
・ヘッドスピードが速い……S　低トルク　手元調子

ということになるが、これはあくまで目安。シャフトの種類は何百種類とあり、スペックは似ていても微妙な違いがある。また、ヘッドスピードだけでなく、スイングのテンポやリズムも、シャフトとの相性を決める重要な要素になる。

けっきょくのところ、そのシャフトが合うかどうかは、実際にボールを打ってみないことにはわからない。ゴルフショップやシャフトメーカーの試打室などを利用して、ぜひとも自分に合ったシャフトを見つけていただきたい。

ドライバー以外のクラブは？

頭のいいゴルファー ドライバーとの重量差の適正を考えて選ぶ

頭の悪いゴルファー 軽いアイアンを選んで手打ちグセをつける

さて、あなたは、自分にドンピシャリのドライバーを購入したとしよう。しかし、それだけで満足してはいけない。

ゴルフは14本のクラブを使うゲーム。ドライバーとあなたの相性がバッチリでも、ドライバーとほかの13本のクラブとの相性（マッチング）が悪ければ、「ドライバーは当たるのに、アイアンが当たらない」ということになるからだ。

といっても、クラブ同士のマッチングはそんなに複雑に考える必要はない。要はクラブ間の重量差が適性であればいいのだ。

その公式は以下のようになる。

・フェアウエイウッド……ドライバー＋5～10グラム

・ユーティリティー………ドライバー＋40～50グラム

・アイアン（5番）………ドライバー＋80～100グラム

いずれのクラブもドライバーより重くなければならないが、その理由は、ドライバーよりシャフトが短いからだ（SWがすべてのクラブのなかでいちばん重いのは、いちばんシャフトが短いから）。そうでなければすべてのクラブを同じリズムで振ることができないのである。

また、アイアンの重量差に幅があるのは、プロや上級者ほど、アイアンのシャフトが重くなる傾向があるから。

アイアンは距離より方向性が大切になる。重いシャフトのアイアンは手打ちができないためスイングプレーンが安定して、方向性がよくなる。また〝重いボール〟になるため、風にも強い。

アベレージゴルファーには、アイアンは軽いカーボンシャフトのものを使っている人が多いけれど、そのために手打ちになっている人が少なくない。アイアンも「振り切れる範囲で重いクラブ」がベスト。

じっさい、アイアンのシャフトをカーボンからスチールにしたところ、手打ちがなくなってスイングがよくなったという人も多い。

最近は、軽いスチールシャフトもたくさん出回っている。自分にはスチールは無理などと決め込まず、一度見直してみてはいかがだろう。

ロングアイアンはもはや不要？

頭のいいゴルファー　へんな見栄を捨て、FWやUTを上手に利用する

頭の悪いゴルファー　やはりロングアイアンを完璧に打つことにこだわる

最近の女子プロのあいだでは、クラブセッテンィグがアイアンは5番から、なかには6番からというゴルファーがふえている。男子プロでも、かつては〝プロの証明〟だった2番アイアンを入れている人は数えるほど。片山晋呉のように、早い時期から7番ウッドを武器にしているプロもいる。

理由はふたつ。ひとつは、アイアンのストロングロフト化*が進んで、いまどきは5番アイアンでもロフトが24度もあるような、ひと昔前なら4番アイアンと変わらないロフトのアイアンがふえてきたからだ。

もうひとつは、FWやユーティリティ（UT）が進化し、ロングアイアンの代わりをつとめるようになったから。FWやUTは、ヘッドスピードがそれほどなくてもロングアイアンよりボールが上がるし、スピン量もふえる。つまり、グリーンに止めやすいのだ。

＊アイアンのストロングロフト化＝各アイアンのロフトが小さくなること。それだけ飛距離が出る。

そもそも、昔の4番アイアン（ストロングロフト化の進んだ現在なら5番アイアン）は、ヘッドスピードが40m／sくらいのアベレージゴルファーでは、たいてい振り遅れて、スライスになる。まともに当たってもボールは上がらず、ランだけがふえる。これではグリーンを狙うことなどできない。

というわけで、女子プロがロングアイアンを抜いて、FWやUTを使うようになったのも当然の話。男性のアマチュアゴルファーも、変な見栄は捨てて、大いに見習ったほうがいい。

ただし、ストロングロフトのアイアンでは、PWのロフトが44度前後のものが多く、これだとかつての9番アイアンより飛んでしまう。

ふつう110ヤード以内は、PW→AW（PS）→SWの順で距離を打ち分けるが、AWのロフトが52度、SWが56度だとすると、PWとAWの間が8度も空いてしまう。これでは距離のコントロールが難しいというわけで、48度のウェッジを入れているゴルファーも多い。

つまり、ウェッジ4本体制である。3番〜4番アイアンを使わなくなったのだから、ウェッジが1本くらいふえてもOKというわけだ。

アイアン選び、ここまで気を配る

頭のいいゴルファー　アイアンは「ライ角」をチェックする
頭の悪いゴルファー　道具の性質を知らずに、フォームを壊す

アイアン選びというと、ヘッドなら「キャビティか、マッスルバックか?」、「ステンレス鋳造か、軟鉄鍛造か?」、「ストロングロフトか、ノーマルロフトか?」、「カーボンシャフトか、スチールシャフトか?」、といったところに目がいきがちだ(すべて前者がアベレージ向け)。

しかし、ゴルファーのレベルにかかわらず、忘れてならないのが「ライ角」。これが合っていないと、なかなかボールは思ったところに飛んでくれないのだ。

「ライ角」とは、ヘッドを地面に正しく設置したときのシャフトの傾斜角をいう(ふつうは60度前後)。つまりライ角が大きければ、それだけシャフトは立つ(アップライトになる)から、グリップの位置は高くなり、すなわち長身の人向けということになる。反対に、ライ角が小さければ、それだけシャフトは寝るから、グリップの位置は低くなり、身長の低い人向けのクラブということになる。

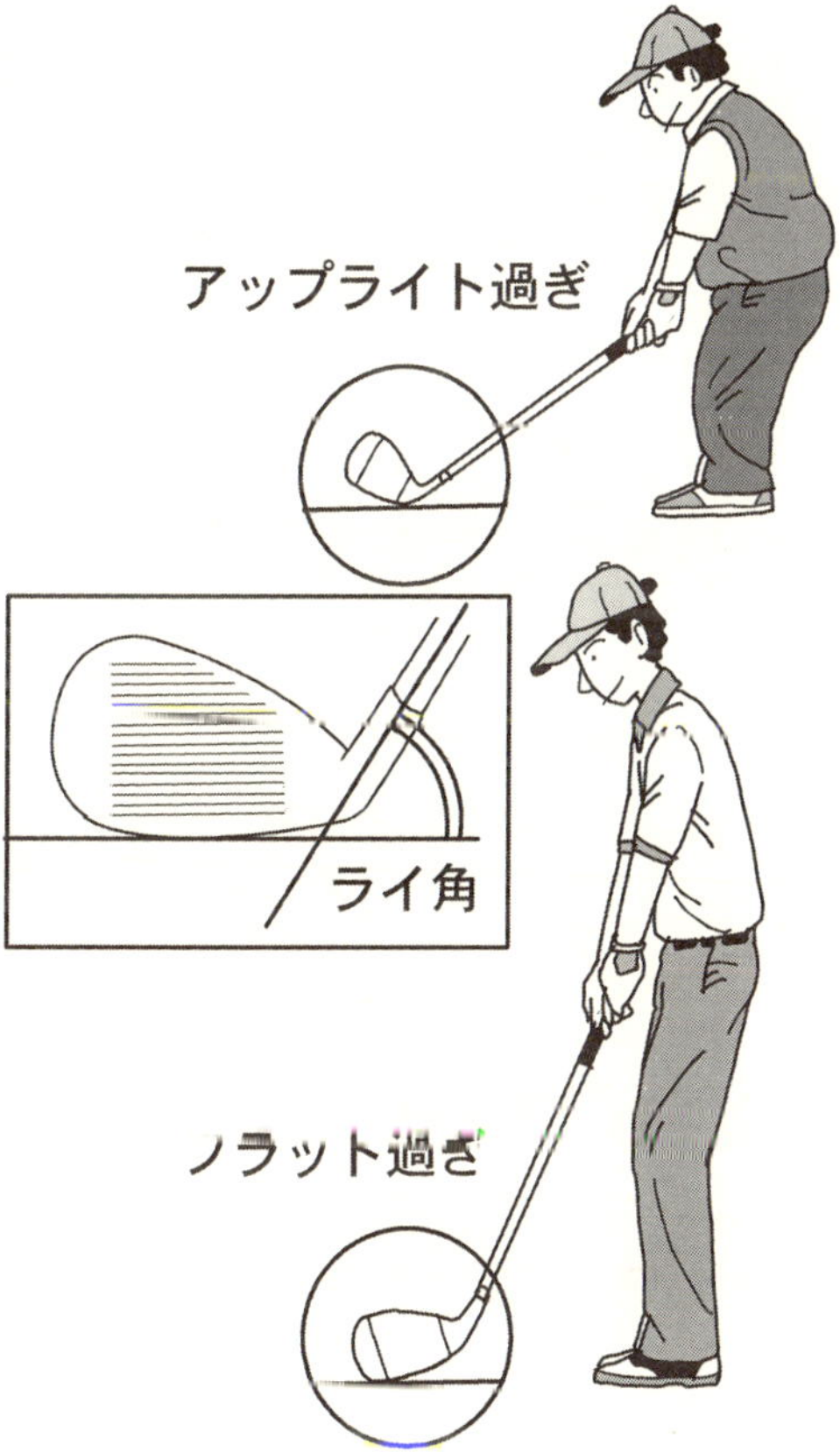

賢者は「ライ角」にまで気をつかう。ライ角が大きすぎると、ヘッドの先が浮き、フェイスが左を向いて、ボールも左に出やすくなる。逆に、ライ角が小さすぎると、ボールも右に出やすくなる。

となると、当然、同じクラブでも、ライ角の違うクラブがあってしかるべきだが、製造過程が複雑になるからか、クラブメーカーはひとつのライ角のクラブしか発売していない。

すると、身長やスイングの癖から見て、ライ角が大きすぎるアイアンを使っている人は、シャフトが寝る→インパクト時にトゥ側（ヘッドの先）が浮く→フェイスが左を向く→ボールも左に出る（つかまりすぎる）ということになりやすい。

反対に、ライ角が小さすぎるアイアンを使っている人は、シャフトが立つ→インパクト時にヒール側（クラブの根元）が浮く→フェイスが右を向く→ボールも右に出る（こすり球）ということになりやすいのだ。

ライ角が自分に合っているかどうかは、アイアンの球筋だけでなく、アイアンのソールを見ればだいたいわかる。トゥ側にこすり傷が多ければ、ライ角が小さすぎる証拠。ヒール側にこすり傷が多ければ、ライ角が大きすぎる証拠だ。

プロはみな、自分の体型やスイングに合わせてライ角を調整している。あなたもさっそく、と言いたいところだが、ライ角の調整は、ネックの部分がやわらかい軟鉄鍛造ヘッドのものしかできない。プロや上級者が軟鉄鍛造アイアンを好むのは、こんなことも理由のひとつというわけだ。

グリップはとても奥が深い

頭のいいゴルファー 材質や太さ、重さだけでなく、装着方法にもこだわる

頭の悪いゴルファー 違和感を持ちつつも、同じグリップを使い続ける

ゴルフがうまくなるほど、グリップにこだわるようになるものだ。グリップはクラブとゴルファーの手を結ぶ唯一の部分。いくら"手打ち"はダメとはいえ、グリップのフィーリングに違和感があっては、ナイスショットは期待できない。

以下、グリップの種類とその特徴を並べてみよう。

【重さ】

30グラム～55グラムくらいの幅がある。グリップの重さを変えることで、クラブの総重量やバランスが変わってくる。

【材質】

・ラバーグリップ……ゴム製で、握ったときの感触がソフト。

・コードグリップ……ゴム製だが、表面にコード（糸）が出ているため、握ったときの感触が硬め。汗や雨でも滑りにくく、ハードヒッター向け。

・ハーフコードグリップ……ラバーとコードの部分が半々のグリップ。
・有り……グリップの背中側が少し盛り上がっているため、しっかり握れる。バックラインをわざと斜めにすることで、自然にストロンググリップやウイークグリップにすることもできる。
【バックラインの有無】
・無し……ラウンドグリップと呼ばれる、丸い形状のグリップ。フェイスを閉じたり開いたりしても、違和感がない。一時期、ラウンドグリップのブランドマークを裏側にして、ゴルファーから見えなくするのが流行した。ダイガーが始めたとも。
【太さ】

標準はM60（Mは男性、60はグリップの内径が0・60インチの意）。ほかにM58、M62などがある。M58は、グリップ自体が肉厚になるため、シャフトに装着すると、M60より太くなる。M62は細くなる。

また、グリップを装着する際、縦に伸ばすほど握りが細くなる。さらに、グリップ装着の際の下巻きテープの厚みによっても、グリップの太さを変えられる。

一般に太いグリップは手首が使いにくくなるためスライスを誘発しやすく、細いグリップは手首を返してしまいやすくフックを誘発しやすいといわれている。

以上の特徴を頭に入れて、あなたにとってベストのグリップとその装着方法を選んでほしい。

また、グリップは汚れやすく、消耗品でもある。ラウンドが終わったら、濡れたぞうきんで汚れを落とし、乾いた布できれいに拭き取っておくこと。濡れたままにしておくと、ラバーの部分が硬くなる。

表面の凹凸が減って、少しでも滑りやすいと感じたら、そのグリップは寿命。新しいものに取り替えたほうがいい（慣れれば、自分でもできる）。

＊　＊

ここまで本書を読まれたあなたは、「頭のいいゴルファー」に大きく近づいたはずである。さあ、さっそくクラブを握ってみてほしい。いままでとは確実に違う自分に気づくはずだ。

なお、この本は『パターが面白いようにはいる本』の続編として書かれた。本書でも、パッティングの肝《きも》については触れているが、技術論も含めたパッティングのすべてについて詳しく知りたい人は、一読していただければと思う。いうまでもなく、ゴルフのスコアの半分はパッティングで決まる。本書と併せて一読していただければ、あなたのゴルフが劇的に変わるはずである。

KAWADE
夢文庫

確実にスコア・アップを約束する本!
頭がいいゴルファー 悪いゴルファー

二〇〇八年十月一日　初版発行
二〇一九年二月五日　19刷発行

著　者…………ライフ・エキスパート［編］
企画・編集……夢の設計社
東京都新宿区山吹町二六一〒162-0801
☎〇三─三二六七─七八五一（編集）

発行者…………小野寺優
発行所…………河出書房新社
東京都渋谷区千駄ヶ谷二─三二─二〒151-0051
☎〇三─三四〇四─一二〇一（営業）
http://www.kawade.co.jp/

装　幀…………川上成夫＋木村美里
印刷・製本……中央精版印刷株式会社
組　版…………アルファヴィル

Printed in Japan ISBN978-4-309-49703-7